二战风云
震撼博览

史诗巨著
全彩呈现

胜利反攻

第二次世界大战的结局

胡元斌 严 锴 主编

台海出版社

前言 PREFACE

1937年7月7日，驻华日军在卢沟桥悍然向中国守军开炮射击，炮轰宛平城，制造了震惊中外的“七七事变”，中国的抗日战争全面爆发。1939年9月1日，德国入侵波兰，第二次世界大战正式开始。1945年9月2日，日本签署投降书，第二次世界大战宣告结束。

这是人类社会有史以来规模最大、伤亡最惨重、造成破坏最大的全球性战争，也是关系人类命运的大决战。这场由德、意、日法西斯国家的纳粹分子发动的战争席卷全球，世界当时人口总数的80%的20亿人口受到波及。这次世界大战把全人类分成了两方，由美国、苏联、中国、英国、法国等国组成的反法西斯同盟国与由德国、日本、意大利等国组成的法西斯轴心国，进行对垒决战。全世界的人民被拖进了战争的深渊，迄今为止这是人类文明史上绝无仅有的浩劫和灾难。

在这场大战中，交战双方投入的兵力和武器之多、战场波及范围之广、作战样式之新、造成的损失之大、产生的影响之深远都是前所未有的，创造了许多个历史之最。

第二次世界大战的胜利具有伟大的历史意义。我们历史地、辩证地看

待这段人类惨痛历史，可以说，第二次世界大战的爆发给人类造成了巨大灾难，使人类文明惨遭浩劫，但同时，第二次世界大战的胜利，也开创了人类历史的新纪元，给战后世界带来了广泛而深远的影响。促进了世界进入力量制衡的相对和平时期；促进了一些殖民地国家的民族解放；促进了许多社会主义国家的诞生；促进了资本主义国家的经济、政治和社会改革；促进了世界科学技术的进步；促进了军事科技和理论的进步；促进了人类认识史上的一场伟大革命；促进了世界人民对和平的深刻认识。

第二次世界大战的胜利也是世界人民反法西斯战争的胜利，成为20世纪人类历史的一个重大转折，它结束了一个战争和动荡的旧时期，迎来了一个和平与发展的新阶段。我们回首历史，不应忘记战争给我们带来的破坏和灾难，以及世界各个国家和人民为胜利所付出的沉重代价。我们应当认真吸取这次大战的历史经验教训，为防止新的世界大战发生，维护世界持久和平，不断推动人类社会进步而英勇奋斗。

这就是我们编撰《第二次世界大战纵横录》的初衷。该书综合国内外的最新研究成果和最新解密资料，在有关部门和专家的指导下，以第二次世界大战的历史进程为线索，贯穿了第二次世界大战的主要历史时期、主要战场战役和主要军政人物，全景式展现了第二次世界大战的恢宏画卷。

该书主要包括战史、战场、战役、战将和战事等内容，时空纵横，气势磅礴，史事详尽，图文并茂，具有较强的历史性、资料性、权威性和真实性，非常有阅读和收藏价值。

目录 CONTENTS

苏军的全线大反攻

西欧重新获得自由

太平洋战场的反攻

中国抗日战争局势

德国无条件投降

日本无条件投降

胜利反攻

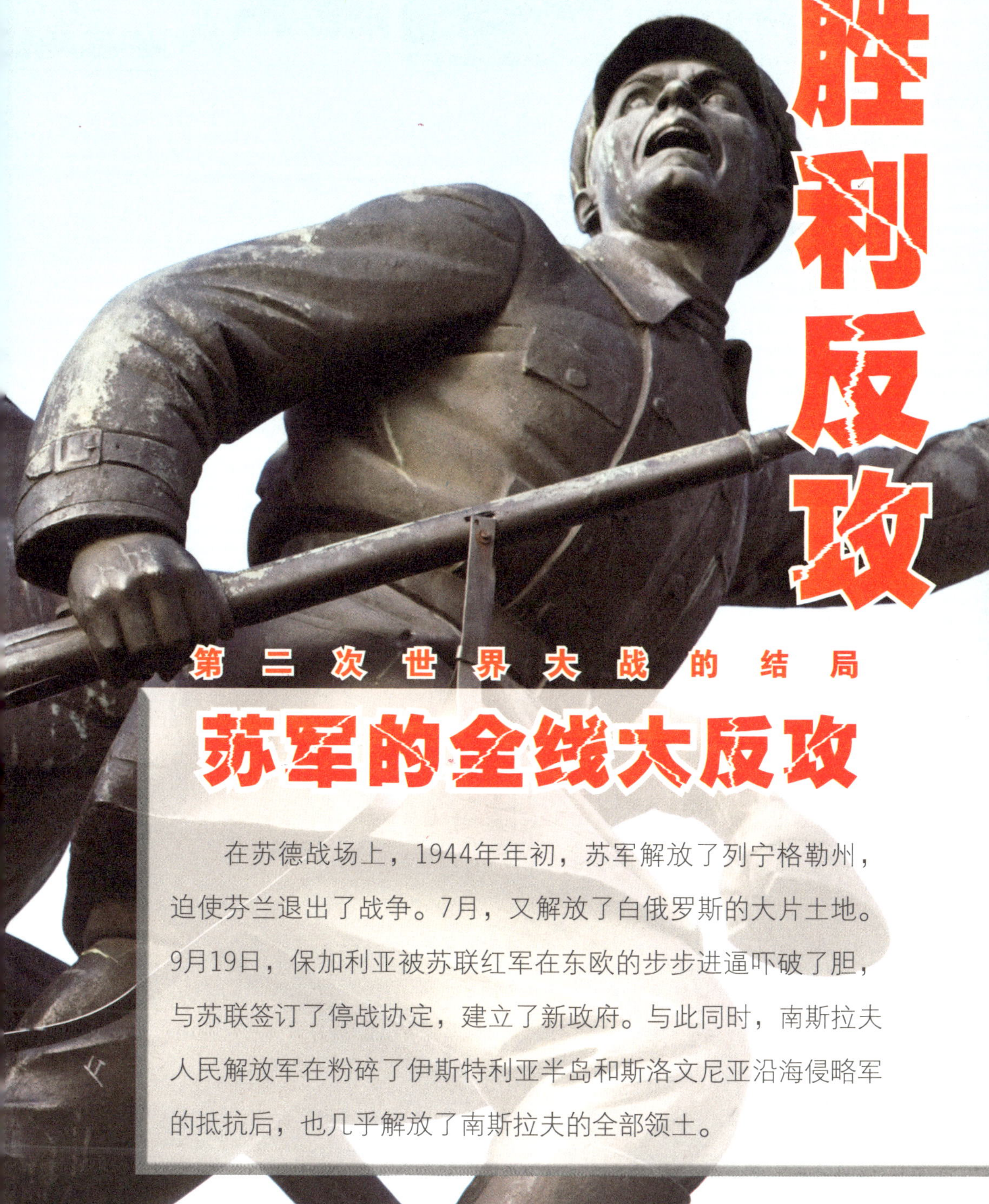

第二次世界大战的结局

苏军的全线大反攻

在苏德战场上，1944年年初，苏军解放了列宁格勒州，迫使芬兰退出了战争。7月，又解放了白俄罗斯的大片土地。9月19日，保加利亚被苏联红军在东欧的步步进逼吓破了胆，与苏联签订了停战协定，建立了新政府。与此同时，南斯拉夫人民解放军在粉碎了伊斯特利亚半岛和斯洛文尼亚沿海侵略军的抵抗后，也几乎解放了南斯拉夫的全部领土。

苏联红军解放列宁格勒

1944年年初，在苏德战场北翼，苏军在粉碎德军重新恢复对列宁格勒包围封锁的企图之后，开始准备对当面之敌发起进攻，以彻底解除德军对列宁格勒的封锁，解放列宁格勒州，为下一步解放波罗的海沿岸国家创造条件。

苏军最高统帅部的战略企图是:

列宁格勒方面军和沃尔霍夫方面军同时实施突击，首先粉碎德军第十八集团军；波罗的海沿岸第二方面军以积极行动牵制德军第十六集团军的基本兵力和北方集团军群的战役预备队。

尔后，3个方面军分别向纳尔瓦、普斯科夫和伊德里察方向发展进攻，击溃德军第十六集团军，完全解放列宁格勒州，为把法西斯德军从波罗的海沿岸驱逐出去创造条件。

从1月31日至2月15日，列宁格勒方面军和沃尔霍夫方面军在数个方向上推进了50千米至120千米，进至纳尔瓦河、普斯科夫湖以北、谢列德卡、普柳萨、希姆斯克一线。因进攻地带大大缩小，沃尔霍夫方面军于2月15日被撤销，其所属各集团军转隶给列宁格勒方面军。

这时，苏军统帅部给列宁格勒方面军和波罗的海沿岸第二方面军下达了新的任务，命令列宁格勒方面军以右翼集团解放纳尔瓦市，突破德军纳尔瓦筑垒地域，尔后向波亚尔努方向、维利杨迪、瓦尔加方向、塔尔上、威鲁方向继续发展进攻。

以左翼集团紧紧追击普斯科夫、奥斯特罗夫方向退却之敌，阻止德军撤往后方防御地区并在此组织坚固防御。为此，列宁格勒方面军决心以主力攻占奥斯特罗夫地域，迂回普斯科夫，强渡韦利卡亚河，尔后向里加方向发展进攻。波罗的海沿岸第二方面军受领的任务是：

以左翼两个集团军的兵力突破普斯托卡东南地域德军的防御，夺占伊德里察以北韦利卡亚河上的渡口，占领奥波奇卡、齐卢佩一线，尔后与列宁格勒方面军右翼集团协同，击溃奥斯特罗夫地域的德军集团，此时，右翼两个集团军以积极行动牵制了当面之敌。

2月下半月，两个方面军密切协同，取得了新的战果。列宁格勒方面军以第二突击集团军的兵力扩大纳尔瓦河西岸的已占地域，使其正面宽达35千米，纵深达15千米。

列宁格勒伊萨基夫斯基大教堂 

第四十二、第六十七集团军追击敌人，从北面和东面进抵普斯科夫。第八、第五十四集团军肃清了沿姆沙加河和合郎河中间阵地的德军后，攻占了波尔霍夫，进逼奥斯特罗夫地域。

方面军左翼部队经过15昼夜苦战，粉碎了德军在预有准备的防御地区的抵抗，向前推进了50千米至160千米，进抵普斯科夫-奥斯特罗夫筑垒地域，但未能从行进间突破该地域。

此时，波罗的海沿岸第二方面军的左翼集团，在伊德里察方向的进攻也十分顺利，对德军第十六集团军构成了合围的威胁，迫使德军开始撤退。但由于未能及时发现德军的退却企图，未能及时组织强有力的追击，德军得以实施有组织的退却，把大量兵力兵器撤至奥斯特罗夫以东、诺沃尔热夫、普斯托什卡一线预有准备的防御地区，进行有组织的顽强抵抗，使苏军前进受阻。

3月9日，列宁格勒方面军集中左翼集团的兵力，对普斯科夫的德军发起进攻。战斗一直持续至4月中旬，才突破了普斯科夫以南德军坚固筑垒地域，前进约13千米，切断了普斯科夫通向奥斯特罗夫的交通线。

这次进攻的目的旨在牵制德军北方集团军群的战役预备队，使之不能抽调到南翼危急的方向上去。

列宁格勒方面军和波罗的海沿岸第二方面军虽然进展迅速，但仍未能完成苏军统帅部规定的全部任务，即未能向瓦尔加、威鲁、里加、卡拉萨等方向发展进攻。尽管如此，列宁格勒方面军、沃尔霍夫方面军、波罗的海沿岸第二方面军，仍然取得了在军事上和政治上具有重大意义的胜利。

在进攻过程中，苏军在宽达600千米的正面战场上突破了德军的坚固防御，把德军从列宁格勒击退220千米至280千米，在伊尔门湖以南向西推进了约180千米，几乎解放了列宁格勒州全境和加里宁州的部分地区，进入了爱沙尼亚境内，为解放波罗的海沿岸各国奠定了基础。

解放第聂伯河和乌克兰全境

1944年年初，在苏德战场上，从波列西耶到黑海，从第聂伯河到喀尔巴阡山的广阔地区内，苏军和德军投入了大量的兵力，展开了争夺第聂伯河右岸乌克兰和克里木的一场大规模会战。

第聂伯河右岸乌克兰和克里木，是苏联资源丰富、人口稠密、工业发达、农粮充裕的地区，具有极其重要的战略地位。

对苏军来说，解放这一地区就可以将德军驱出国境，进至喀尔巴阡山脉，进入东欧国家，进而向巴尔干推进。

对德军来说，守住这一地区就可以稳住防线，争取到喘息的时间，调整部署，伺机反击；否则，将全线溃退，陷入军事、政治和经济方面的绝境。

因此，苏德双方不惜一切代价，以最大的决心和力量在该地区展开了你死我活的激烈的争夺战。

乌克兰第一方面军主要进攻集团积极作战，粉碎了德军在捷尔诺波尔、普罗斯库罗夫地区的反突击。

其左翼第十八集团军经过激战攻占了赫梅尔尼克城，第三十八集团军从行进间强渡了南布格河，于3月20日解放了文尼察。

右翼第十三集团军向前推进了80千米，于3月20日进抵勃罗得城。尔后，该方面军主力在得到第一坦克集团军等兵力的加强之后，于3月21日再次从北向南发起进攻。

3月23日，第一坦克集团军解放了乔尔特科夫。次日晨，其先头部队从行进间强渡德涅斯特河。

继而，又渡过普鲁特河，攻占了切尔诺夫策。第四坦克集团军向卡美涅次—波多尔斯基实施进攻，从西面包围德军第一装甲集团军，3月26日，攻占卡美涅次—波多尔斯基城。

第一集团军和第三坦克集团军在该城以北实施进攻，方面军左翼第十八、第三十八集团军等部队在该城以东和东北方面实施进攻，与在南面实施进攻的乌克兰第二方面军的部队，构成了对德军第一装甲集团军合围的威胁。

乌克兰第二方面军于3月17日开始在宽达100千米的地带上从行进间强渡

南布格河，并攻占了德涅斯特河地区，进入该地区中心城市卡缅卡，开始了解放摩尔达维亚的作战。

乌克兰第三方面军于3月26日发起敖德萨战役，以求击溃德军第六集团军和罗马尼亚第三集团军。

在战役中，第四十六、第八集团军、骑兵机械化集群和第二十三坦克军组成主要突击集团，向拉兹杰利纳亚总方向实施主要突击，从西北面迂回敖德萨。

第五十七、第三十七集团军组成右翼集团，向蒂拉斯波尔实施进攻，第六、第五、第二十八师集团军组成左翼集团，沿黑海沿岸向尼古拉耶夫和敖

会战中的士兵

德萨实施进攻。

3月28日，右翼第五十七、第三十七集团军利用相邻的乌克兰第二方面军的战果，迅速将主力渡过南布格河，在45千米宽的正面突破了德军的防御，并向纵深推进了25千米。

左翼第六、第五、第二十八师集团军经过激烈战斗，攻占尼古拉耶夫，并开始强渡南布格河。鉴于右翼发展顺利，方面军司令员遂将第二十三坦克军和骑兵机械化集群从该方向投入战斗，向蒂拉斯波尔和拉兹杰利纳亚方向，追击溃逃之德军。

4月5日，攻占了拉兹杰利纳亚。

4月7日，进抵德涅斯特河口，从西南封锁了德军的退路。

4月9日，苏军从行进间突破敖德萨城北防御，经过一整夜激战，次日解放了敖德萨全城。

4月11日至14日，苏军继续进攻，进抵德涅斯特河，并从几处渡至河西岸。但在此遭到德军有组织的抵抗，德军在此投入新锐兵力，多次进行反突击。

5月6日，根据统帅部命令，苏军就地转入防御。

从1943年12月底至1944年4月底，苏军发起的解放第聂伯河右岸乌克兰的战略性进攻战役，取得了重大胜利。

苏军向西推进了250千米至450千米，到达喀尔巴阡山山麓，把德军南方战线截成两段，使德军南线瓦解，受到惨重损失。

芬兰政府签署投降条约

在苏军解放列宁格勒州之后，列宁格勒方面军右翼集团和卡累利阿方面军又开始了在西北方向上对卡累利阿之进攻，目的在于解放芬兰，迫使芬兰退出战争。

经过周密的战役准备，1944年6月9日，列宁格勒方面军所属部队开始在卡累利阿地峡对维堡方向发起进攻。

在猛烈的长时间的炮火打击和航空火力打击之后，6月10日晨，苏第二十一集团军转入进攻，顺利突破了芬军防御阵地。当日，即突破芬军第一防御地带，前进了14千米，突破正面宽达20千米。

与此同时，第二十三集团军也转入进攻。两个集团军迅速向两翼和纵深发展进攻，扩大战果。经过两天的激烈战斗，突入芬军防御纵深达24千米，突破口正面宽达40千米，并于6月13日进抵芬军第二防御地带，但未能从行进间突破。

该地带是芬军卡累利阿地峡防御体系的核心，其工事更为坚固，芬军企图不惜一切代价阻止苏军突破第二防御地带。

考虑到芬军主要兵力集中于维堡公路地带，方面军遂将主要突击方向转到左翼，即濒海公路方向。

6月14日，苏军对芬军第二防御地带发起冲击，经过激烈战斗，于6月17日前突破了该地带，并迅速向纵深和翼侧发展进攻。

芬军急忙从南卡累利阿调来两个师和一个旅，以加强维堡地域和武奥克萨河地区的防御力量。但是，仍然无法阻止苏军的进攻。

6月19日，列宁格勒方面军所属部队突破了第三防御地带和维堡外围防御地带。

20日，第二十一集团军攻占了维堡城，并向维堡西北推进10千米至12千米；第二十三集团军肃清了武奥克萨河南岸地区的芬军，并占领该河北岸部分地区；后调来的第五十九集团军部分兵力，协同波罗的海舰队，肃清了维堡湾诸岛屿的芬军。至此，卡累利阿地峡和维堡地区的战役即告结束。

与此同时，卡累利阿方面军于6月21日发起进攻，当日，第七集团军强渡了斯维尔河，突破了芬军主要防御地带，并沿拉多加湖向纵深推进约6千米。

第三十二集团军随后也发起进攻，向梅德韦日耶哥尔斯克方向实施突击，当日向前推进约16千米。

至第二日日终前，第七集团军突破口正面已达60千米，纵深达12千米。

芬军开始向第二防御地带仓皇退却。

23日晨，为了配合正面进攻，海军独立第七十、第三旅在芬军后方图克

芬兰国会大厦

萨河与维德利察河之间地带实施登陆，切断了敌后退的公路和铁路，迫使其只能沿乡间土路逃命。

第七集团军经激烈战斗，于6月25日突破敌第二防御地带，并攻占奥洛涅茨城。

28日，第三十二集团军部分兵力与第七集团军一部协同，解放了卡累利阿首府彼得罗扎沃茨克城。

整个7月份，卡累利阿方面军仍在继续发展进攻。7月9日，第七集团军前出至洛伊莫拉地区；10日，攻占了皮特凯兰塔。21日，第三十二集团军进至伦贡瓦拉以东苏芬边界地区。

8月初，斯维尔河和彼得罗扎沃茨克地区的进攻战役即告结束。在此过程中，卡累利阿方面军向前推进200千米至250千米，解放了芬兰的大部领土。

芬兰新任总理哈克策尔1944年9月19日与苏联签署条约，芬兰除了归还1940年占据的领土之外，还必须割让佩萨莫、租借波特拉和乌德给苏联。

苏军解放白俄罗斯全境

1944年6月下旬，苏军进逼白俄罗斯境内的波洛茨克、维捷布斯克、奥尔沙、莫吉廖夫、博布鲁伊斯克以东一线，并沿普里皮亚季河一直延伸到科韦利。

德军在白俄罗斯境内构筑了周密的、纵深梯次配置的防御工程。整个防御纵深达250千米至270千米，防御地区都构筑在河流的西岸和制高点上，防御地区内的所有居民地都构筑有防御工事。在有森林和沼泽地的地段，也构筑了有支撑点和抵抗枢纽的防御。

6月23日晨，白俄罗斯第二方面军发起进攻，强渡了巴夏河，并于6月25日进至距德军防御前沿25千米处的列斯塔河地区。

6月26日，在突破列斯塔河的防御地区后，开始向什克洛夫、莫吉廖夫方向追击退却的德军第四集团军部队。

6月26日晚，方面军前出至莫吉廖夫以北第聂伯河，并以一部兵力在普列希齐以西从行进间强渡了该河。同日，第三十三、第五十集团军也开始追击退却之德军。

6月27日午前，在第聂伯河上架设了两座桥，这对坚守和扩大登陆起了很大作用。

6月28日，方面军主力渡过了第聂伯河，并以强硬手段攻占了德军在明斯克接近地的重要防御枢纽部莫吉廖夫，攻占了什克洛夫市和贝霍夫市。至6月28日日终前，方面军前出至德鲁季河和第聂伯河河间地带，从而为直接进攻明斯克，与其他方面军协同合围并消灭该城以东德军创造了条件。

与此同时，白俄罗斯第一方面军从罗加乔夫以北和帕里奇以南两地域向博布鲁伊斯克总方向对德军实施向心突击，围歼德军博布鲁伊斯克集团，尔后向普霍维奇和斯卢茨克进攻。

6月24日，在进行了两个多小时的炮火打击和在南段实施了短时间的航空火力打击之后发起进攻。

当天，第三、第四十八集团军仅攻占了德军两道堑壕；第六十五、第二十八师集团军突破了德军防御正面达30千米。坦克第一军进入突破口后，向前推进了20千米。

次日，投入战斗的骑兵机械化集群向西北方向进攻，向德军的防御纵深推进，于6月26日前出到格卢斯克附近的普季奇河，并在一些地段强渡成功。

6月26日夜间，坦克第一军成功地实施机动，切断了由博布鲁伊斯克向西和向西北的道路。空军第十六集团军对退却之德军和别列津纳河的渡口连续实施突击，以强大火力支援地面部队进攻行动。

白俄罗斯明斯克郊区二战纪念碑

坦克第九军于进攻的第二天，在第三集团军地带投入交战后，急速向前挺进，于6月27日晨开始从北面迂回博布鲁伊斯克，与坦克第一军会合，从而完成了对博布鲁伊斯克东南地域总数达40000人的德军集团的合围。

方面军部分兵力肃清被围集团，而主力则继续向明斯克和斯卢茨克发展进攻。

第三、第二十八师集团军随快速部队跟进，向合围的对外正面挺进，而第四十八、第六十五集团军则向合围的对内正面推进。

6月27日，对内正面的西北地段只有两个坦克军的部队掩护，因为步兵兵团尚未到达。而被围德军恰在这个地段开始准备突围，企图与第四集团军的部队会合。

在这种情况下，方面军司令巧妙地使用了方面军航空兵。空军第十六集团军的526架飞机，以25架至30架飞机的编队行动，连续不断地对被合围的德军实施了达一个半小时的突击，致使准备突围的德军集团纷纷溃散，损失惨重。

28日，第四十八集团军彻底消灭了被围之德军。6月29日，解放博布鲁伊斯克市。

经过6天的进攻，苏军彻底粉碎了防守在维捷布斯克和博布鲁伊斯克的德军集团，在莫吉廖夫方向也已突破其防御正面。

德军遭到巨大失败后，遂从西德维纳河至普里皮亚特河的宽大正面上退却。苏军向前推进100千米至150千米，接着又对斯普利波文茨杨内、明斯克和斯卢茨方向展开了进攻，紧追逃敌，以便在明斯克以东地区合围德军第四集团军的主力，阻止德军在白俄罗斯建立绵亘的防线。

这时，德军统帅部决心不惜任何代价阻止苏军的进攻。6月28日，中央集团军群司令官恩斯特·布施元帅被撤职，改由北乌克兰集团军群司令官瓦尔特·莫德尔元帅兼任。在苏军的迅猛攻势下，德军统帅部竭力西撤自己的军队，以免被苏军合围。

此时，苏军在鲍里索夫卡地域、奥西波维奇地域作战的各方面军快速兵

团，距白俄罗斯首都明斯克仅100千米；而向明斯克方向撤退的德军主力则距明斯克130千米至150千米，并且无法摆脱从东南进攻的白俄罗斯第二方面军。在此情况下，苏军统帅部于6月28日给各方面军下达了合围并歼灭德军第四集团军的任务。

苏军统帅部决心以白俄罗斯第三方面军左翼以及白俄罗斯第一方面军右翼一部向明斯克方向实施迅猛的向心突击，与白俄罗斯第二方面军协同，合围并粉碎德军第四集团军基本兵力，解放白俄罗斯首都明斯克。

同时，波罗的海沿岸第一方面军、白俄罗斯第三方面军右翼、白俄罗斯第一方面军一部，继续向西迅猛进攻，消灭德军行进中的预备队，为向希奥利艾、考纳斯、华沙等方面发展进攻创造条件。

各方面军未经休整即发起进攻。白俄罗斯第三方面军在6月29日和30日进抵别列津纳河，在数处强渡了该河，开始向明斯克迅猛前进。

7月3日，第二坦克军首先突入白俄罗斯首都明斯克。在明斯克方向和巴拉诺维奇方向追击德军的白俄罗斯第一方面军也同样进展顺利。

该方面军快速兵团于7月2日夜间从南面迂回明斯克，并前出至东南郊，在此与白俄罗斯第三方面军会合。这样就完成了对德军第四集团军基本兵力、第九集团军部分兵力的合围。

白俄罗斯第二方面军也同时向明斯克方向进攻，以牵制、分割和消灭德军各部队，不让其脱离和迅速西逃。苏军航空兵牢固掌握制空权，实施了强大突击，使德军难以有计划地撤退军队和调遣预备队。

游击队在德军退路上设伏，袭击德军司令部和个别部队，夺占渡口，实施侦察。至7月3日日终前，白俄罗斯首都明斯克附近的德军已被完全肃清。

7月4日，白俄罗斯第三、第一方面军进抵纳罗奇湖、莫洛杰奇诺、克拉斯诺耶、斯托尔布齐、涅斯维日一线。

而波罗的海沿岸第一方面军第四、第六、第四十三集团军和空军第三集团军，未作战役间歇便对当面北方集团军、第十六集团军各兵团和中央集团军群第三装甲集团军一部兵力发起进攻。德军统帅部为了扼守波洛茨克并将

它变成坚固的防御枢纽部，在该市附近集中了一个辖六个步兵师的强大军队集团。苏军则决心从东北和南面实施向心突击，围歼德军波洛茨克集团。苏军第四集团军以其左翼向科特利亚内、波兹德尼亚基、多赫纳里总方向实施主要突击，以便从西北迂回波洛茨克。第六集团军右翼各兵团从西南迂回波洛茨克，其基本兵力则会同第四十三集团军向格卢博科耶、希文恰内方向实施进攻。空军第三集团军对进攻军队实施航空火力支援和航空兵掩护。

7月1日，前出至波洛茨克东郊和南郊。第六集团军基本兵力和第四十三集团军至7月1日日终，前进到格尔马诺维奇、格沃兹多沃、多克希齐一线，各坦克兵团则突向季斯纳河。

经两天激烈巷战，至7月4日凌晨，全部解放波洛茨克。方面军左翼迅猛追击退却的德军兵团，至7月4日日终前向西推进约110千米，并前出至奥普萨、科贾内、纳罗奇湖一线。

7月初，苏军以平均每昼夜20千米至25千米的速度，在12天内推进225千米至280千米，解放了白俄罗斯的大片土地，法西斯德国中央集团军群遭到惨败，其主力已被合围。

保加利亚签订停战协定

1944年8月，在巴尔干方向的态势，对苏军实施战略性进攻战役形成了较为有利的条件，苏军最高统帅部大本营正确地判断了所面临的形势，决定在雅西和基什尼奥夫地区实施一次大规模的战略性进攻战役。

8月20日，苏军经过炮火准备后，乌克兰第二方面军第二十七集团军在3小时内便突破德军主要防御地带，中午强渡了巴赫卢伊河，突破第二防御地带。第六坦克集团军进入突破口。下午14时，其所属第五坦克军投入交战，一小时后，第五机械化军也投入交战。该集团军的突然出现使德军震惊不已。

苏军坦克兵利用这一有利态势，迅速前出到沿马雷山构筑的德军第三防御地带。乌克兰第三方面军的进攻也很顺利，日终前，第三十七、第四十六、第五十七集团军突破了德军主要防御地带，向纵深推进12千米，在某些地域楔入了德军第二防御地带。战役第一天，两个方面军推进10千米至16千米，德军损失9个师。

8月21日，第二十七集团军粉碎德军顽强抵抗后，与第六坦克集团军和航空兵协同，进行了夺取马雷山第三防御地带的战斗。第五十二集团军利用当天进入交战的第十八坦克军的战果，击溃了德军，中午解放了雅西市。

这时，近卫第七集团军在第二十三坦克军的配合下占领了特古伏鲁莫斯市。经过两天战斗，乌克兰第二方面军突破敌40千米深的3道防御地带，把突破正面扩大至65千米，形成了迅速追击德军和合围德军第六集团军的有利态势。

乌克兰第三方面军打退德步兵和坦克的反突击后，经过两天战斗，推进近30千米，把突破正面扩大至95千米。空军第五、第十七集团军出动飞机6350余架次，有力地支援了地面部队的作战行动。

为了尽快全歼德军，8月21日傍晚，最高统帅部大本营下达命令：各方面军尽快在胡希地域封闭合围圈，歼灭德军集团，以开辟进至罗马尼亚主要经济政治中心的道路。

8月23日日终前，乌克兰第二方面军第六坦克军前出到伯尔拉德地域，第十八坦克军打响了夺取胡希的战斗。

当天，乌克兰第三方面军近卫第四军和第七机械化军前出到普鲁特河渡口，完成了正面向东北的防御。次日，第五十二集团军和第十八坦克军解放了胡希，并前出到普鲁特河，在那里与乌克兰第三方面军的部队会师。德军25个师有18个师陷入合围。在合围的对外正面也同时展开了进攻。

至8月24日日终前，苏军已推进到距被围德军85千米至100千米处。这

二战时的坦克

时，乌克兰第三方面军左翼与第四十六集团军，与近卫机械化第四军部分兵力和强渡德涅斯特河湾的登陆兵协同，在航空兵和黑海舰队、多瑙河区舰队的舰艇支援下，合围了德军第三集团军，该集团军很快投降。

至8月27日日终前，在普鲁特河以东被围的德军集团也停止了抵抗。苏军两个方面军同时向布加勒斯特和伊兹梅尔方向发展进攻。

8月26日，摩尔达维亚苏维埃社会主义加盟共和国全境解放。

8月27日，福克夏尼筑垒地域已被突破。

至8月29日，乌克兰第三方面军解放了土耳恰、加拉茨、布斯伊拉、康斯坦察和苏利纳等市。至此，雅西—基什尼奥夫战役宣告结束。

至9月3日，被围德军零星集群被彻底肃清。

通过8月20日至9月3日的作战，苏军共歼德军22个师，其中含被围的18个师，消灭了第一线德军的几乎全部师，使其遭受重创。苏军则向纵深推进，进入了罗马尼亚内地，并接近了保加利亚边境。

1944年9月19日，保加利亚被苏联红军在东欧的步步进逼吓破了胆。在与苏军短期交战之后，它断绝了与德国的所有联系，与苏联签订了停战协定，并于本周建立了新政府。

新政府在共产党支持者基蒙·乔治夫上校的领导下，开始流放并监禁那些对保加利亚与柏林纳粹政府相勾结负有责任的人。保加利亚是在苏联在其邻国南斯拉夫取得胜利后做出这种改变的。

苏联统帅约瑟夫·斯大林在莫斯科电台高兴地宣布：

保加利亚已经不再是德国势力在巴尔干半岛的中心了。

南斯拉夫军民赶走侵略者

在雅西—基什尼奥夫战役中，苏军击溃了德军南乌克兰集团军群，罗马尼亚和保加利亚获得解放。苏军进入捷克斯洛伐克、匈牙利境内并进抵南斯拉夫边境。巴尔干半岛的形势发生了根本性变化。

至1944年秋，苏南军队合力对驻塞尔维亚的敌军，特别是在贝尔格莱德方向的侵略军实施决定性突击的条件已经成熟。

贝尔格莱德进攻战役是从9月28日第五十七集团军转入进攻开始的。该集团军在航空兵支援下突破侵略军边境防御地区，越过东塞尔维亚山脉，于10月8日进抵摩拉瓦河，并从行进间强渡了该河，在西岸夺取了两个登陆场，保障近卫机械化第四军于10月12日进入交战。

集团军向南斯拉夫腹地推进130千米。多瑙河区舰队一方面对进攻的苏军实施了支援，可靠地保障了第五十七集团军右翼，另一方面还担任军队、技术兵器和各种物资的输送工作。

贝尔格莱德战役以强攻贝尔格莱德而告结束。侵略军为了扼守南斯拉夫首都，从德军的几个师以及塞尔维亚志愿军和俄罗斯警卫军中调来一些部队和分队。在贝尔格莱德周围设置了地雷爆炸性障碍物以加强防御。

德军指挥部力图在该城接近地牵制住苏、南军队的大量兵力，以便使德E集团军群的部队从希腊撤往匈牙利。

苏、南两国军队为了密切协同攻下贝尔格莱德，曾召开指挥部联席会议，详尽讨论了强攻计划。

10月14日，近卫第四机械化军军长和南斯拉夫人民解放军第一集团军级

集群司令员，最后协调了双方军队强攻贝尔格莱德的行动计划，计划规定：在狭窄的地段上从南面实施正面突击，尔后沿离心方向发展突击，分割德军守备部队并予以各个歼灭。还规定，占领萨瓦河和多瑙河上的桥梁。

参加强攻贝尔格莱德的苏军是：近卫第1机械化军，3个步兵师，3个炮兵旅，16个炮兵团、迫击炮团和自行火炮团，1个高射炮兵师和3个高射炮兵团；南斯拉夫军队是：无产者第一军和第十二军，共8个师。

这些兵力的强攻行动，由空军第十七集团军和多瑙河区舰队实施火力支援。解放贝尔格莱德的战斗自10月14日起，一直延续至20日止。

战斗进行得异常激烈。在头两天，进攻部队就把侵略军集团切割成几个部分，并摧毁了该市南郊和东郊的大部分支撑点。

至10月20日日暮时分，苏、南两国军队在航空兵和多瑙河区舰队的支援下，以强攻占领了德军在贝尔格莱德的最后一个据点卡列梅格丹要塞。

贝尔格莱德战役之后，南斯拉夫人民解放军继续同德军占领者作战。至1945年年初，他们解放了大部分国土，至5月7日，南军彻底粉碎了伊斯特利亚半岛和斯洛文尼亚沿海侵略军的抵抗。

至此，南军几乎解放了南斯拉夫的全部领土。德集团军群残余部队垂死挣扎，千方百计地想冲出合围圈向英军投降未遂，继续被围困在斯洛文尼亚和奥地利。歼灭集团军群的战斗从5月8日开始至15日结束。

尽管德军技术装备水平遥遥领先，最终还是输给了得道多助的南斯拉夫军民。仅1945年，侵略军在南斯拉夫就丧失30多万人，并损失许多武器、技术和其他军事装备。

反法西斯斗争的胜利结束，在南斯拉夫人民的历史上揭开了新的一页。

胜利反攻

第二次世界大战的结局

西欧重新获得自由

1944年6月4日，盟军酝酿已久的横渡英吉利海峡的作战行动开始，从而拉开了盟军收复被纳粹占领的欧洲大陆的序幕。7月18日，盟军胜利地完成了诺曼底登陆，在西欧开辟第二战场。8月25日，巴黎解放。德军被迫退守“古斯塔夫防线”。随着盟军“王冠”作战计划的实施，“古斯塔大防线”被彻底摧毁。

盟军实施“霸王”行动

早在1941年7月18日，斯大林就向丘吉尔提出了开辟欧洲第二战场的问题，由于种种原因，直至1943年，盟军才具备了开辟第二战场的条件。

但由于当时的注意力仍集中在北非，接着又重兵进攻西西里岛，大西洋的天气只允许在夏季前后的几个月内登陆，美英首脑不得不把这一决定战争进程的行动推迟到1944年夏实施。

1943年5月，英美在华盛顿召开的代号“三叉戟”的会议上，把横渡英吉利海峡的作战行动取名为“霸王”行动。

1944年6月4日，在上千艘军舰和战机的护送下，5万盟军乘3000艘登陆艇如潮水般涌上诺曼底海滩，酝酿已久的“霸王”行动开始了。

这是有史以来规模最大的一次两栖作战，也是一场极具吸引力并让人回味的战役。

联军司令德怀特·艾森豪威尔将军当时发表声明说：

同盟国的海军在强大的空军掩护下开始将盟国陆军送往法国北海岸。

一天的时间慢慢地过去，究竟有多少人登陆却一直没有公布。不过他们的登陆地点渐渐地被人知晓——瑟堡东南65千米处的卡昂附近。

一家德国公报说，这些人的登陆地点是塞纳河口。4批解放战士由上千的伞兵为先导。他们从C—47运输机上跳下，他们的背上或胸前都捆着弹药和装备。一些伞兵将在后方充作步兵。

另一些是工程师，他们将占领德军机场。如果失败，他们将建立新的登陆机场。

空军第九师部队运输机司令部900多架牵引机和滑翔机将第一批士兵送上岸。

这些进攻部队涉过最后几码的水面到了海滩，他们背着武器和军用品，浑身都被海水和汗水浇湿了。在他们旁边行进的是吉普车、大炮和巨大的汽油桶。

第三、第四批解放战士预定将于当天晚上和次日到达。由于德军加强了防御，这些战士要进行一场更艰苦的战斗，就像艾森豪威尔和另一位司令预计的那样，纳粹开始了报复。

盟军的登陆坦克 

不出所料，有2％至3％的盟军飞机被击落。德军增加了探照灯照射，口径20毫米的大炮被运来对付一批接一批的盟军。机枪构成了纳粹主要的地面防御武器，但是他们也有一些作战工具是原始的。盟军发现了许多埋在海滩战场上的削尖的木桩。

艾森豪威尔1944年6月4日早晨通过电台向西欧人民讲了话。他讲的话大部分是讲给法国人的，他承认法国人在这次联合进攻面前是首当其冲的。他宣告说：

法国的公民们！因为首次登陆发生在你们的国土上，我要重复强调我对西欧其他被占国家人民的要旨，听从你们领袖的指示。

在这个关键时刻，你们全体法国人举行不成熟的起义，将会阻碍最大限度地援助你们的国家。耐心些，要准备……这次登陆只是西欧战争的开始阶段，大规模的战斗还在后面。

我号召所有热爱自由的人们同我们站在一起。

为保证战役的顺利进行，盟军通过大西洋加紧从英美本土向占领的登陆场运输部队和军事物资。因此，保卫交通线成为同盟国海军的主要任务。

为此，盟军将保卫交通线的兵力增加了15%至20％，共包括护航航空母舰103艘、护航驱逐舰和舰队驱逐舰1066艘、护卫舰515艘，其他巡逻舰、扫雷舰等3900余艘，潜艇百余艘，飞机3959架。

同时还加强了对护航运输队的警戒，严密封锁德国潜艇基地，轰炸德国造船工业中心，对德国海上运输线展开有限的袭击，进一步遏制了德国海军的作战行动。

至1944年6月初，德国海军共在比斯开湾的布勒斯特、洛里昂、圣纳泽尔、拉帕利斯和波尔多等基地驻有8个潜艇支队，约100艘潜艇。

在诺曼底战役中，德军向英吉利海峡派出潜艇，参加了抗登陆作战。由于德军投入的潜艇数量少，展开过迟，技术性能低，缺乏其他兵力的支援，因而，对整个抗登陆战役没有产生明显的影响。

8月，当盟军从诺曼底向内陆突进时，德国海军司令部命令法国沿岸基地的部分潜艇向北海、波罗的海和挪威沿岸各基地转移。

8月25日，德军撤销了设在法国的西方海军集团指挥部。之后，德国潜艇必须从德国或挪威经过苏格兰和爱尔兰以北进入盟国的航行区，而英国在奥克尼群岛—设得兰群岛—冰岛海域内部署了强有力的反潜防御带。

这使德军潜艇在海上平均逗留的37个昼夜中，只有9个昼夜能在指定海区活动。而且由于德国潜艇集中在北海、波罗的海和挪威基地，经常遭到盟国空军的轰炸。

由此可见，德军在大西洋的潜艇战被盟军限制在一定的范围内，已无能力对盟国的大西洋交通线实施有力的破坏行动。

盟军在法国西北部转入进攻

1944年7月18日，盟军胜利地完成了诺曼底登陆，在西欧开辟了第二战场。

在这一战役中，盟军虽然伤亡了10余万人，但很快得到了补充，整个作战部队齐装满员，后勤补给工作井井有条，部队士气高昂，指挥机构完善，已具备了向西欧内陆推进的条件。

7月25日，登陆的盟军在法国西北部转入进攻。

8月7日中午，盟军出动大批飞机对德军反击部队实施猛烈轰炸。与此同时，布莱德雷将军迅速调来两个师从正面抗击德军，巴顿指挥的美军第三集团军迅速开到了拉瓦尔和勒芒之间地域，以威胁德军的南翼。克里勒指挥的英军第一集团军也在东北方向用坦克、火炮和飞机袭击奥恩河以东的卡昂—法莱斯地域，以威胁德军反击部队的后方。

8月8日深夜，德军的反击因没有制空权和兵力有限而归于失败，克卢格被迫命令部队停止前进。但是，希特勒要他重新组织力量，准备再次发起反击。当德军在法莱斯西南地区重新聚集力量准备向科唐坦的美军再次实施反击时，盟军部队正在德军东西两翼大胆推进。于是，在法莱斯和阿让唐之间形成了一个大口袋，大量德军装甲部队成了瓮中之鳖，为盟军围歼当面之敌提供了极好的机会。

此时，被围德军第五装甲集团军和第七集团军已经发现盟军的战役企图和自己的危险处境，唯一逃生的机会在于马上东撤。

但是，希特勒却一再要求克卢格重新编组部队，准备对阿夫朗什的美军

再次发动反突击，并且责备这位西线德军总司令指挥不力，造成上次反突击的失利。

结果，8月16日，希特勒解除了克卢格的职务，任命瓦尔特·莫德尔元帅为西线德军总司令兼B集团军群总司令，并要求新上任的总司令把法莱斯的战斗进行到底，扼守法莱斯这个“角形堡垒”，阻止盟军渡过塞纳河和开到巴黎附近地区。

然而，莫德尔元帅到西线后，也不可能从根本上扭转德军被动挨打的局面，他唯一的办法是把被围的德军从法莱斯附近拉出来。从8月16日起，德军在阿让唐附近地区竭力阻止盟军先头装甲部队的进攻，以便保持德军东撤路线的畅通。

盟军出动飞机进行轰炸

盟军最高司令部发现德军准备东逃的动向后，遂允许巴顿的部队越过集团军群分界线，在弗莱尔—阿让唐公路以北推进，然后向尚布瓦和特兰方向进攻，同时命令加军在北面加快南进速度。

17日，加军经过激战占领法莱斯，18日占领特兰，19日，美、加两军在尚布瓦会师，完成了对德军的包围。被包围的德军共12个师，其中5个装甲师。由于北翼部队推进缓慢，盟军未能实现全歼德军的企图。

德军利用尚布瓦和特兰这个缺口，从法莱斯地区撤出1／3的兵力，约45000人。至8月21日，法莱斯围歼战结束。此役，盟军共歼敌30000人，俘敌50000人，给德军B集团军群以沉重打击。

为了追击逃敌，盟军制定了在塞纳河以西歼敌的计划。据此，蒙哥马利将军于8月20日命令加军第一集团军和第十二集团军群一部继续肃清被围的德军，第十二集团军群大部应急进至塞纳河下游，以阻拦德军撤退，第二十一集团军群在肃清被围的德军后，迅速向塞纳河挺进。

8月20日，美军第一、第三集团军向塞纳河方向推进，到左岸后折向东北。第三集团军在河对岸的芒特—加西古尔建立了一个桥头堡。

位于左翼的第一集团军已进至德勒以北地区，23日占领埃夫勒，25日进抵埃尔伯夫。至8月26日，英、加部队也相继赶到塞纳河附近的指定位置，与先期到达的美军一起包围了埃尔伯夫和勒阿弗尔之间的环形地区，歼灭了一部分溃逃的德军，另一部分德军逃到塞纳河右岸。

至此，在诺曼底登陆的盟军，全线前出到塞纳河畔，并在河东岸默伦和埃夫勒尔以东夺占了登陆场。此次进攻虽未能全歼诺曼底的德军和解放布列塔尼半岛的几个港口，但是给了敌人以沉重打击。

德军5个遭重创的师调回国内，逃到塞纳河右岸的德军勉强重新组织了4个师进行防御，但是部队的重装备已所剩无几。盟军在法国北部的胜利，不仅解放了法国大片领土，而且为后来向欧洲大陆腹地的胜利进攻创造了有利条件。当诺曼底登陆的盟军向法国腹地发展进攻之时，另一支美法盟军部队在法国南部开始登陆。

8月19日，美、法部队在登陆地域建成了一个正面宽90千米，深60千米的登陆场。在登陆场集中了约16万人，2500门火炮、600辆坦克。

登陆后的盟军及时派出部分兵力向北推进，经格勒诺布尔转向蒙泰利马尔，以切断沿罗纳河谷地向北撤退的德军退路。

与此同时，美军第七集团军派部分兵力攻占冥纳和尼斯，以保证自己的侧翼安全。法军主力和美军一部则向土伦和马赛方向进攻。

在当地抵抗运动战士的配合下，美、法军于8月28日先后攻占了这两个港口城市，驻防马赛的德军指挥官谢弗将军率部投降。

马赛一役，德军阵亡5500人，被俘7000人，法军也损失1000余人，当地抵抗者损失106人。自法国南部登陆以来，仅德拉特尔将军指挥的法军就俘虏德军37000人，歼灭两个师。但是，法军也付出了伤亡4000人的代价。

土伦和马赛港的解放，不仅使盟军90.5万人和400万吨装备顺利地在此登陆，而且打开了罗纳河谷的通道，美、法部队便可经此挥师北上，追歼溃退的德军。

8月28日，右路美军攻占了蒙泰利马尔，次日进抵瓦朗斯。左路法军长驱直入约300千米，8月31日抵达里昂附近。9月2日，法军在抵抗运动战士的配合下解放了该市。

在此次作战行动中，法国内地军和抵抗运动力量起了非常重要的作用。在登陆以前，游击队就已经破坏了许多地方的铁路运输，从格勒诺布尔到尚贝里的铁路已完全瘫痪。

盟军登陆以后，游击队便配合登陆部队积极展开活动。在蒙特利马尔，他们把撤退的德军拖住近36个小时，使盟军飞机有足够的时间轰炸。

此外，马赛和土伦的居民举行了反对侵略者的起义，占领了许多市区，为盟军最后解放这两个重港创造了条件。法国内地军对被围德军不断袭击，保护了一些桥梁，并向登陆部队提供情报和担任向导，使盟军在登陆后节省了兵力，加快了推进速度。

法军和美军同时开进巴黎

巴黎形势也和法国各地形势一样，出现了可喜的变化。

巴黎及其近郊的抵抗组织在巴黎地区的法国内地军司令、共产党员罗尔—唐居伊上校的统一指挥下，积极开展武装斗争，不断袭击德国占领军的运输车辆和仓库，破坏供电网和电话线。

仅6月8日至25日，他们就进行了93次作战行动。特别是在7月14日这个历史上攻占巴士底狱的重要纪念日，巴黎解放委员会号召全体巴黎市民，参加大规模的反德法西斯示威游行。

在这一天，尽管维希政府和德国占领当局明令禁止罢工、集会，但是仍有10万人上街游行。这场大游行沉重地打击了占领当局。

8月10日，巴黎铁路工人开始罢工。随后，法国其他地区的铁路工人也跟着罢工，邮电工人、煤气工人、电业工人和公共事业工人也相继发起罢工。

8月15日，驻守巴黎的15000名警察也加入到罢工的行列。工人们破坏铁路运输，使德军无法调动部队和运送武器装备，也无法从巴黎运出军需物品。

同日，法共机关报《人道报》发表了法共中央书记杜克洛的一篇文章，标题是《夺取巴黎之战》。他强调指出：“夺取法国首都之战的时刻已经到来。”

根据法共中央的指示，8月18日，法国总劳动同盟号召巴黎市民举行总罢工。当日夜，巴黎市区和城郊贴满了宣传画，上面写着共产党议员对人民的号召：

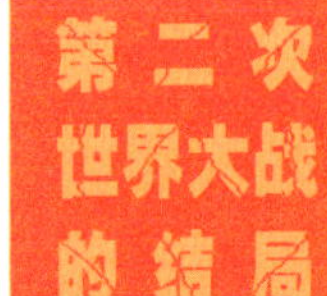

我们号召巴黎和城郊的人民发动起义以求解放。人人参加斗争，这是巴黎地区全体居民的责任。

8月19日，巴黎解放委员会发出起义的号召，驻巴黎地区的内地军总指挥罗尔—唐居伊上校下令武装起义开始。8时，2000名警察首先占领了警察局，逮捕了局长。接着，起义者占领了市政厅、公共大楼和印刷厂。

不久，戴高乐派驻巴黎的法国抵抗运动临时代表亚历山大·帕罗迪接管了公共工程部、殖民部、供给部、司法和情报部等部门的权力。

1944年8月25日，美军和法军同时开进巴黎

下午，法国抵抗运动的个别领导人在事先没有得到巴黎解放委员会和内地军指挥部同意的情况下，就同巴黎的德军城防司令肖尔蒂茨进行停战谈判，并达成暂时协议。

8月20日，法国共产党、巴黎地区工会联合会、民族阵线、内地军等表示反对缔结停战协定。

由于巴黎爱国力量联合行动，继续攻占了火车站、电台和报社，并占领了政府各部和银行的大楼。是日，唐居伊派代表前往美军驻地会见巴顿将军，向他介绍了巴黎的处境，要求立即派兵支援。

8月21日，巴黎解放委员会号召市民更广泛地开展武装起义，提出："砍掉树木，挖好防坦克壕，筑起街垒，让取得胜利的人民去迎接盟军！"

唐居伊下令要无情地打击敌人。据此，起义规模日益扩大，爱国志士在市内和通往市区的主要道路上筑起了街垒和路障。是日晚，巴黎市区及市郊的3/4区域获得解放。

同日，巴顿将军指挥的第三集团军先头部队占领了巴黎以南30千米处。

美军曾设想对巴黎实施钳形包围，让位于右翼的巴顿集团军从东西迂回包围巴黎，左翼穿过塞纳河抵达芒特，两翼部队在巴黎以北会师。

这时，已从阿尔及尔到达法国瑟堡的戴高乐函告艾森豪威尔将军说，他很担心巴黎的警察部队和德军撤离，市内的食品供应发生危机，巴黎因此会出现骚乱。

他认为："确实需要由法军和盟军尽快占领巴黎，即使市区内的战斗会造成一些破坏也要去占领。"他警告说，如果发生骚乱，以后处理事情时很难不发生可能最终妨碍军事行动的严重事件。他提名柯尼希将军担任巴黎军事管制政府总督，以便在艾森豪威尔将军决定立即前进时与他商议占领的问题。

艾森豪威尔将军在与柯尼希将军谈话后说："现在看来好像我们将不得不进入巴黎。布莱德雷和他的情报处长都认为我们能够而且必须开进城去。"

艾森豪威尔将军决定派兵直接进入巴黎，但是派哪支部队首先进城倒是个棘手的问题。因为许多部队都提出要求，把首先进入巴黎看做是一种荣誉，其中呼声最高的是勒克莱尔指挥的法军第二装甲师。

该师于8月1日随盟军在法国西北部登陆后，被编入巴顿的第三集团军第十五军，参加了对法莱斯的包围，并在尚布瓦与波兰军队会合。这时，第十五军的两个师奉命向德勒推进。

戴高乐命令勒克莱尔的第二装甲师迅速向巴黎靠近，于是后者便向巴顿提出了要求，未获得批准。这样，勒克莱尔便于8月16日率部离开了美国第三集团军，加入美国第一集团军，被编入第五军。

接着，戴高乐又指示这支法国部队，不管美国人同意与否，都要立即向巴黎推进。

8月21日，法军第二装甲师仍位于阿让唐地区，与美军先头部队相距约100千米，勒克莱尔命令部队全速前进，如果艾森豪威尔不同意直接进入巴黎，他也要把离巴黎最近的部队留在那里。

鉴于这种情况，特别是为了照顾法国人的感情，艾森豪威尔将军最终还是批准了首先由法军第二装甲师进入巴黎。这道命令是8月22日由布莱德雷传达的。

不久，美军第四师也接到命令，沿法国首都南部前进，以夺取巴黎以南的塞纳河诸渡口，并占领南面和东南面的阵地。

8月23日6时30分，北路的勒克莱尔部队作为主力开始向巴黎进发，并加强有一支英国小分队、一个美国骑兵侦察组、一个美军工兵小组和美军第五军的炮兵。

在南路进攻的是美军第五军司令部、美军第四师，并加强有两个反坦克炮兵营和两个重型坦克营。盟军在向巴黎进军的路上未遇到德军的有力抵抗。

8月24日傍晚，法军第二装甲师和美军第四师开进巴黎。8月25日晨，法军向肖尔蒂茨发出最后通牒，遭到拒绝后，于下午1时向德军指挥部发起攻

击，迅速消灭了敌人的有生力量。

下午3时，摧毁了德军指挥部，活捉了肖尔蒂茨，并将其带到警察局。在那里，肖尔蒂茨代表德军守备部队正式向勒克莱尔将军和唐居伊上校无条件投降，巴黎遂告解放。

8月25日，戴高乐作为法兰西共和国临时政府首脑与法军第二装甲师一起进入巴黎，并在国防部大厦设立了指挥部。

事先，关于戴高乐能否按时进入巴黎的问题，英美两国政府官员曾有不同意见。

有一种想法是把戴高乐进巴黎的时间推迟到能达成某种协议之后。但是，戴高乐清醒地认识到，任何阻止他进入巴黎的企图都是对战斗法国控制法国局势的反对，是对他的权威的否定。因此，他认为在这个大是大非的问题上没有妥协的余地。

于是，戴高乐在8月中旬通知艾森豪威尔将军，他打算从阿尔及尔到法国。在戴高乐的坚持下，盟军远征军最高司令部建议他乘坐美国飞机并在伦敦降落，然后再飞往法国大陆。

戴高乐显然怀疑这种做法是企图不让他进入法国，而并不是一项保护他的专机免遭袭击的措施。于是，他宣布要乘自己的座机出发，在瑟堡和雷恩着陆。

艾森豪威尔将军警告说，盟军的高炮部队可能识别不了戴高乐所乘坐的那种飞机，并拒绝为他的安全承担责任。在这种情况下，戴高乐不得不把他登陆法国的计划推迟一天。

8月18日，戴高乐乘机安全抵达瑟堡，并及时赶上了法军第二装甲师，于8月25日进入巴黎。

26日，戴高乐打算在巴黎举行盛大的阅兵式，以宣告他对巴黎的接管和控制。

但是，美军第五军军长伦纳德·杰罗将军不同意这样做，理由是担心刚刚解放了的巴黎还不安全。然而，戴高乐还是决定去接见群众，不让等候在市政厅外的广大群众失望。

在去市政厅的路上，他首先到了警察局，检阅了在巴黎起义中立功的警察部队，然后在市政厅的一个阳台上接见了拥护他的广大市民，随后又接见了各抵抗运动组织的领导人。

8月27日，艾森豪威尔将军访问了法国首都。在访问期间，艾森豪威尔考虑到巴黎目前的形势，同意戴高乐和布莱德雷将军一块检阅部队。为了显示力量，艾森豪威尔还决定让开赴法国东北前线的美军第二十八师列队通过巴黎，接受戴高乐和布莱德雷的检阅。

29日，胜利后的法国在凯旋门至圣母院的大街上举行了隆重的阅兵式，法军第二装甲师和美军第二十八师先后列队通过。

美军第二十八师当晚就离开巴黎开赴前线，法军第二装甲师则按戴高乐的要求留在巴黎维持治安。

9月3日，戴高乐要求把勒克莱尔的第二装甲师派往法国东面，因为首都已恢复秩序和平静，可是战争还没有结束，法国部队必须积极投身于对德作战。

于是，从9月8日开始，这支部队又重新回到巴顿的第三集团军第十五军，继续同英、美军一起并肩作战。

德军在阿登地区反攻盟军

9月中旬，盟军在莱茵河以西的“齐格菲”防线前受阻后，希特勒就一直思考着对盟军的反击问题。尽管东西两线的盟国部队均已抵进德国边境，但希特勒对纳粹德国的前途仍抱有不切实际的乐观看法。

10月初，希特勒正式命令约瑟尔尽快制定出一份西线反攻的详细计划，力争11月付诸实施。他指望初冬的天气能结束盟军享有的绝对空中优势，或者至少在德国发动攻势时能大大削弱这种优势。

11月3日，约瑟尔代表希特勒在B集团军群司令部向西线部队司令伦德施泰特、B集团军司令莫德尔及第五装甲集团军司令曼陀菲尔第一次透露了这个大胆的计划。

他告诉3位司令官，艾弗尔已被选定为最适合进攻的地段，因为那里的盟军已在过去的正面进攻中蒙受了重大损失，力量比较薄弱。

而且，该地段的盟军预备队已调至第一线附近，补给情况也朝不保夕，所以，只要进攻做到完全出其不意，天气又不利于盟国空中行动的话，德军是有可能迅速突破的。

一旦突破，将使德国装甲部队赢得主动权。尔后，这些部队迅速向前推进，在马斯河畔的列日和那慕尔之间建立桥头堡，再穿过布鲁塞尔向北边的安特卫普港快速挺进。

只要德国装甲部队一渡过马斯河，就可切断那些经由马斯河流域的美国第一集团军的后方交通线。待德国装甲部队抵达布鲁塞尔—安特卫普地区，英国第二十一集团军群的后方交通线将受到致命威胁。

一旦夺回安特卫普港，英军的后路即被切断，他们将面临着第二次敦刻尔克的命运。

1944年12月16日拂晓，希特勒蓄谋已久的阿登反攻拉开了序幕。5时30分，德军2000门火炮开始向蒙绍和埃希特纳赫之间的美军防区猛轰。

与此同时，步兵借助弹幕的掩护开始冲击。紧接着，5个装甲师也尾随投入战斗，准备迅速扩张战果。此前，一支身穿美军军服，配备美式装备，口操英语的德军特遣队，已悄悄潜入美军后方，进行切断电话线，倒转路标等破坏行动，以达到制造混乱和削弱美军战斗力的目的。

尽管美军及时识破了德军的企图，但在初期仍给美军造成了一定的混乱。德军突破口的北翼是担负主攻任务的迪特里希第六党卫装甲集团军，在顺利突破美军前沿防御后，其右翼即为美第一集团军和第五军所阻，陷入苦战。

美第五军原本用来进攻鲁尔大坝，战备程度较高，因此对入侵德军实施了顽强抗击。虽然迪特里希迅速调来第十二党卫装甲师增援右翼突击力量，

二战中的士兵

但是其向布特根巴赫的进攻仍未能取得突破性进展。

然而在其左翼，情况却截然不同，第一党卫装甲师所攻击的正面恰为美第五军和第八军的结合部，仅有少量骑兵担任警戒，故被迅速击溃。

至日暮时分，第一党卫装甲师的先头部队派佩尔战斗群，已突入美军战线达10千米，且前进势头仍很迅猛。尽管如此，由于集团军主力被牵制，派佩尔战斗群的推进并无决定性意义。

在突破口中段，由于当面美军第二八一师刚刚经过亚琛战役，减员达数千人，未及补充，正在休整之中，美军第一零六师则于3天前刚从国内调来，故此段防守兵力较弱，致使德军第五装甲集团军顺利突破美军防线，并迅速向纵深推进。

17日，第五装甲集团军左翼的第二装甲师在克莱夫火车站渡过克莱夫河后，美军抵抗遂趋于崩溃。

次日9时，德军装甲教导师也开始横渡克莱夫河，黄昏时抵达尼德、万帕赫一线，当夜向巴斯托尼以东的马格雷特推进。

19日，该师继续向巴斯托尼挺进，并攻入内费和瓦尔丁。随后，德第二十六人民步兵师也加入了攻占巴斯托尼的战斗。但由于美第十装甲师和第一零一空降师先后抵达，有力地加强了巴斯托尼的防御，德军的攻势很快陷入僵局。

然而，在巴斯托尼外围，其第二装甲师却直插向默兹河畔的迪南。

这时，德B集团军群指挥官莫德尔非常渴望将主攻方向转移到曼陀菲尔的第五装甲集团军方向上来，但希特勒固执己见，坚决要由他所宠信的党卫军将领迪特里希继续担任主攻。

至19日日暮时，德军在阿登地区的反攻虽然给盟军造成极大的恐慌和威胁，但却远远未达到计划目标。

德军16日晨对阿登地区的突然反攻，完全出乎盟军远征军各级司令部的预料。此前，盟军各部正在为突破德军“齐格菲”防线进行战役准备。

当德军在阿登地区发动反攻的报告送到最高统帅部时，第十二集团军群

司令布莱德雷恰在艾森豪威尔的办公室同其讨论兵员补充问题。起初，布莱德雷还以为这是一次破坏性进攻，旨在阻止巴顿将对萨尔发动的攻势。

尽管如此，他仍立即命令阿登地区南北两面的美军各派一个装甲师向受威胁地段靠拢，并指示各集团军命令下属各师处于戒备状态，以便随时用于阿登地区。

12月17日，前线告急。艾森豪威尔把最高统帅部仅有的预备队第十八空降军在欧洲大陆的第八十二和第一零一空降师拨归了布莱德雷使用。

18日，布莱德雷用汽车迅速把第八十二空降师和第一零一空降师派往中线有极好道路网的巴斯托尼。由于在此前美第十装甲师B战斗群已率先抵达，并在巴斯托尼东部组织起了防御阵地，布莱德雷仅留下第一零一空降师参加巴斯托尼防御，而把第八十二空降师调往阿登地段北翼的斯塔弗洛。

由于德军特遣队的破坏活动，盟军前线情报极其混乱，至12月18日晚，盟军最高统帅部才具体掌握了德军的反攻规模。

19日晨，艾森豪威尔紧急将布莱德雷、巴顿和德弗斯召到凡尔登，商讨对策。艾森豪威尔认为，必须立即采取措施阻止德军的进攻。鉴于德军正在向阿登地段实施主攻，并且有可能向特里尔地段发动进攻，他决定集中力量在阿登地区德军突出部两侧进行反突击。

为此，艾森豪威尔提出放弃那些与反突击无关紧要的地域，以便确保重要地域的安全，并加强反攻力量。布莱德雷将军应制止德军在马斯河以东的前进，并同第二十一集团军群的部队相配合，对德军突出部发动进攻。

蒙哥马利也奉命在马斯河以东和以南的地域内阻止德军的推进，重点保障从那慕尔到列日之间的马斯河一线的安全。

按照艾森豪威尔的指示，盟军在摩泽尔河以南将全线转入严密防御。德弗斯的第六集团军群奉命向靠北的地区推进，并接管第三集团军的大部分防区。

同时，巴顿将率6个师北进，接管第一集团军第八军防区，并在12月22日或23日向德军突入部队的南翼发动一次大规模反击。

在此期间，德军已逼近圣维特和巴斯托尼，打散了美军第一集团军的一部分力量，并将另外一些部队孤立起来。而对德军的强大进攻，霍奇斯的第一集团军仍成功地组织了临时反击。

在圣维特，美军装甲部队的顽强行动使盟军成功地在西面建立起新的防御阵地。在突破口的北翼，美第五军和第七军一部在最关键的一次战斗中守住了埃尔森博里岭、岭南的比特亨巴赫和马尔梅迪—斯塔沃洛这条战线，击退了德军第六党卫装甲集团军的数次攻击，为盟军赢得了所需的时间。

尽管盟军部队对德军的威胁做出了迅速反应，但德军各纵队仍未停止向西推进。

19日晚，盟军最高统帅部情报处长斯特朗将军担心德军很快将从第十二集团军群的部队之间突破，从而使设在卢森堡市的布莱德雷将军的前进指挥部同美国第一集团军脱离联系。他把这种担心告诉了远征军参谋长史密斯将军，建议由蒙哥马利统一指挥阿登地区以北的美军。

这项建议得到了艾森豪威尔的赞赏。

最高司令认为，阿登地区以北的突出部已经成为一个作战正面，在这个作战正面只能有一支预备队可以被召来支援英国和加拿大集团军或者支援美国第九和第一集团军，因此，将美第九集团军和第一集团军暂时划归蒙哥马利指挥，有利于粉碎德军的攻击。

蒙哥马利元帅一接到命令就马上召集霍奇斯和辛普森在美第一集团军司令部开会，并下达了重新组织战斗的命令。

第九集团军奉命接管第一集团军的部分地带，从而使美第七军得以撤出战斗组成预备队，以便同英第三十军携手从突出部北侧发起反击，与此同时，第三集团军将其战斗分界线向北延伸至从日韦到圣维特一线。

在德军发起反攻的第一周里，阿登地区北侧的盟军部队由于受到重创，加之战线拉得太长，故对德军的反攻只能疲于应付。然而，在阿登地区的南部，巴顿的第三集团军正迅速采取行动，以便对德军突入部队实施打击。

从19日奉命北调到22日对巴斯托尼方向发动进攻，该集团军在短短的3天

时间里完成了90度大转弯和北进80千米至110千米投入新攻势的惊人行动。

但由于遭到德第七集团军的顽强抵抗和纳粹空军的袭击，巴顿的第三集团军比原计划推迟了对巴斯托尼的解围，直至26日才突到巴斯托尼，与被围美军取得了联系。此后，巴顿的部队在巴斯托尼附近同曼陀菲尔的德第五装甲集团军第四十七装甲军展开了惨烈的争夺战。

12月23日，天气转晴，盟军出动了约5000架次飞机，猛烈空袭了德军反攻部队和运输车辆，大大缓解了危局，同时又给巴斯托尼的守军空投了急需的补给品，鼓舞了守军的斗志。此后，除恶劣天气外，盟军空军一直活跃在战区上空，给德军以极大的威胁。

阿登战役是第二次世界大战中西线最大的一次阵地战，双方参战兵力将近60个师。

希特勒发动阿登战役最后的结果是将盟军在西线的推进阻止了6周之久，但其付出的代价却是将其本来就有限的预备队力量消耗殆尽，结果使盟军尔后的进攻得以长驱直入。

盟军沿意大利半岛胜利推进

德军在意大利南部的防御失败后，被迫退守“古斯塔夫防线”。这条防线从那不勒斯以北的地中海沿岸起，经加埃塔、卡西诺山直至亚德里亚海滨的奥尔托纳，横贯意大利中部。

“古斯塔夫防线”由大量的钢筋混凝土工事和雷区构成，被德军称为“坚不可摧”的防线。

1944年年初，盟军的作战企图是迅速突破“古斯塔夫防线”，攻占罗马，尔后向意大利北部推进，歼灭意大利境内的德军，以配合西线盟军开辟第二战场的行动。

盟军第十五集团军群共有兵力19个师又4个旅，分属于美第五集团军、英第八集团军和英独立第五军，另有支援飞机约4000架，舰船3000余艘。

为突破凯塞林苦心经营的“古斯塔夫防线”，盟军第十五集团军群司令亚历山大设想，令美第五集团军对该防线发动正面攻击的同时，另在防线北面地中海岸的安齐奥发起一次两栖登陆相配合的行动，以切断德军的交通线，迫使其在双重打击下主动撤出“古斯塔夫防线”。

与此同时，位于右翼的英第八集团军将继续向亚得里亚海岸的佩萨里推进。

亚历山大的这一设想得到了英国首相丘吉尔的坚决支持。他把安齐奥登陆比作是将一只“野猫”投入“古斯塔夫防线”北面的海岸去“抓碎德国佬的心脏”。

由于安齐奥位于罗马以南仅45千米处，因此英美首脑有理由相信，登陆一旦取得胜利，即可直取罗马，对加速盟军在意大利的胜利具有重要的意义。

意大利岛屿

很快，盟军制定了一个代号为“鹅卵石”的登陆作战计划。该计划规定：

部队将在距前线100千米远的安齐奥登陆，以期从后方攻击防御之敌，切断其退路，并配合美第五集团军从正面突破“古斯塔夫防线”，尔后攻占罗马。

计划要求，登陆前要对安齐奥附近的机场和交通线进行航空火力突击，同时地面部队从防线正面实施牵制性进攻。

为此，第十五集团军群抽调美第五集团军所属第六军为登陆部队，该军下辖两个加强师、一个伞兵团、五个陆战营及专业部队，共50000余人。支援这次登陆的海军舰船共376艘，飞机700余架。

为牵制“古斯塔夫防线”守军，美第五集团军于1944年1月17日对该防线中西段发起正面攻击。

左翼的美第十军跨过艾里奥诺河发起强攻，并获得一处桥头堡。但在其右翼，美第二军第八十六师强渡拉皮多河却被德军击退，损失惨重，被迫于19日退回原阵地。

在中部，法国军团受命向崎岖的卡西诺山北部推进，虽取得一定的进展，但却付出了高昂的代价。

尽管如此，盟国的作战目的已经达到，已将预备队全部调至了拉皮多河的正面，为即将到来的盟军安齐奥登陆创造了有利的条件。盟军还从那不勒斯发起了一次小规模的两栖登陆行动，目的同样是为了吸引德军的注意力。

1月21日晨，集结在那波利湾的盟军登陆部队开始出发，当日午夜抵达安齐奥海域。

22日凌晨2时，约翰·P·卢卡斯少将率美第六军开始登陆。由于这里防御的德军只有两个营和数个岸防连，而且未进入戒备状态，故登陆盟军只遇到微弱抵抗。48小时后，已有3.6万人和3000多辆车辆上岸，完成了最初目

标，并建立了一个纵深达11千米的滩头。

然而，卢卡斯未利用这一有利形势迅速推进，占领既定目标阿尔巴恩山这一有利地形，以切断具有重大战略意义的第六号和第七号公路。相反，他却把固守滩头阵地作为首要任务，以待重武器、坦克和其他作战物资的抵达。

正是由于登陆部队的裹足不前，使德军获得喘息之机，其C集团军群司令凯塞林迅速从北部的第十四集团军防区和“古斯塔夫防线”上调来部队，在登陆美军的前面建立了一道强有力的防线。

虽然不久盟军登陆部队增加至4个师，但德军防御部队却同时增至6个师，而且占领着有利地形，形势对盟军极为不利。

从2月16日起，德军发起一连串的反击，迫使登陆盟军节节后退，伤亡惨重。

2月23日，卢卡斯被克拉克解职，由美第三十一师师长特拉斯科特少将继任。尽管如此，盟军仍无法摆脱被动挨打的局面。不久，盟军的安齐奥登陆演变成了第一次世界大战式的堑壕战，双方对峙达3个月之久。

其间，德军对盟军坚守的狭窄滩头发起了连续不断的打击，企图将登陆部队赶入大海。与此同时，纳粹空军对安齐奥港口进行了狂轰滥炸，企图以此来阻止盟军的补给和增援。

为减轻安齐奥登陆部队的压力，盟军第五集团军从2月初向“古斯塔夫防线”最坚固的卡西诺山发起了轮番攻击。美第三十四师受命进攻卡西诺山区德军阵地，这就是所谓的第一次卡西诺之战。

2月12日，美军攻势被德军瓦解。

15日至18日，建立不久的新西兰军被调来，在空军的支援下担负起对卡西诺山的第二次攻击。该军由新西兰第二师和印度第四师组成，这两个师曾在北非战役中屡建奇功，作战顽强。

进攻发起前，指挥官弗赖贝格将军因怀疑德军将修道院作为观察哨，指示空军对其轰炸，结果这座有着悠久历史的修道院被盟军摧毁。随后，德军

占领了修道院废墟。

15日至21日，以顽强著称的新西兰军在大批空中力量的近距离支援下向卡西诺山发起第三次强攻，结果仍未取得突破。

在此期间，由美国空军少将艾拉·埃克指挥的英美地中海空军部队，为支援安齐奥滩头，发起了一次旨在切断德军补给线的有组织的空中阻隔战役。尽管德军遭到残酷的打击，但并没有像盟军希望的那样撤退。

1944年初的安齐奥—拉皮多战役，是盟军在意大利遭受挫折最大的一次进攻战役。在安齐奥，丘吉尔首相寄予厚望的“野猫”一直未能伸出利爪施展威风，反被紧紧压缩在一个狭窄的登陆场上，自身难保。

之所以会出现这种局面，一方面是因为盟军在两个方向上平分兵力的结果，由于安齐奥离“古斯塔夫防线”甚远，盟军在卡西诺山的猛攻对安齐奥滩头的盟军支援不大，更谈不上协同，如果将这部分兵力投入到安齐奥滩头，登陆部队的处境无疑会大大改善；另一方面，卢卡斯没有立即向阿尔巴恩山勇敢地推进，在一定程度上贻误了战机。

结果，在4个月的滩头大混战中，美军伤亡约2.4万人，英军伤亡9203人，两栖登陆战未达到预期目的。

鉴于西线盟军将于6月6日在法国诺曼底大举登陆，为牵制更多的德军，意大利战场的美英部队必须加强攻势。为此，亚历山大制定了“王冠”作战计划。

该计划与1月份的那次双向攻击基本相同，即安齐奥滩头的登陆部队与“古斯塔夫防线”正面的盟军集中力量同时发起冲击，一举突破“古斯塔夫防线”向利里盆地挺进。

为了实施这一计划，位于意大利亚得里亚海的英第八集团军将仅留下一个军，余部则向西转移，接管卡西诺—利里盆地区域。

当时双方的兵力部署是：在安齐奥，有6个盟军师和5个德国师相对峙，另有4个德国师在罗马周围。在“古斯塔夫防线”上，有6个盟军师对付6个德国师。在这条战线上，盟军大部兵力集中在从卡西诺到加里利亚诺入口一线，共有12个师。

5月11日夜，“王冠”作战计划正式实施。盟军2000余门火炮对德军阵地展开猛烈轰击，紧接着步兵插入德军前沿。尽管盟军在火力方面居于优势地位，但在最初3天，由于德军的顽强抵抗，进攻部队在大多数地段进展不大。

安德斯将军指挥的波兰第二军受命攻击卡西诺山，尽管决心很大，但由于采取间接进逼战术，仍遭到重大伤亡。英国第十三军的进展也很迟缓，如果不是波兰人把德军的注意力吸引住的话，该军无疑会遭到更大的损失。

沿地中海海岸推进的美第二军同样进展不大。但处于美、英军之间的法军，因对面只有一个德国师阻挡，进展较快，他们穿过加里利亚诺山区，对德国守军发起攻击。

14日，法军推进到奥森特盆地，德军第七十一师为避免退路被切断，主动后撤。这一行动立即减轻了美第二军的压力，得以沿着海岸公路迅速挺进，追歼德军第九十师。

随着德军防线西翼被突破，凯塞林被迫将北部的预备队调往南部，企图堵住缺口。但此时德军防线已陷入混乱，除在卡西诺地区仍继续坚守几天外，其他各处已彻底崩溃。

17日晚，坚守修道院废墟的德国伞兵放弃阵地，“古斯塔夫防线”被盟军摧毁。次日晨，波兰第二军占领卡西诺山，但为此付出了死亡约4000人的代价。

由于凯塞林把德军为数不多的后备部队调往南部，盟军从安齐奥滩头进行突击的时机已经成熟。

5月23日，得到一个师加强的美第六军开始突破。亚历山大希望该部来一次强有力的冲击，直抵瓦尔蒙托内，切断6号公路，以期将黑廷霍夫的第十集团军一网打尽。若能达到这一点，罗马将不战自降。

5月25日，美第一装甲师和第三步兵师向东北方向推进20千米，抵达7号公路东侧的科里，并同自南而来的美第二军会师。这时，德军赫尔曼·戈林

师迎头赶来，阻止了美军的进一步推进。

与此同时，克拉克将军正率4个美军师直指罗马，以期赢得殊荣。尽管亚历山大呼吁其把切断德第十集团军退路作为当前主要任务，但克拉克除分出一个师的兵力向瓦尔蒙托内推进外，其余兵力仍全力向罗马推进。不久，克拉克的挺进在罗马南面的“凯撒防线”上遇到德军的抵抗，速度减慢。

5月30日，美国第三十六师占领了阿尔巴恩山区7号公路上的韦莱特里，并攻破了“凯撒防线”。克拉克趁此机会命第五集团军发起总攻，沿6号公路直捣罗马。在盟军11个师的强大压力下，德军被迫放弃阵地。

6月4日，克拉克的第五集团军一部进入罗马，德军随之进行了总退却。

占领罗马后，盟军继续沿意大利半岛推进。但是，为支援在法国南部的“龙骑兵”登陆行动，第十五集团军群中的美第六军和法军以及70％的空中力量先后被抽调，使其整体作战实力大为下降。

相反，德军此时却得到了4个师和一个重型坦克团的增援，从而使凯塞林得以站住脚跟。经过一系列巧妙的迟滞性行动，德军抑制了美军的推进步伐，使其止步在“哥特防线”以南。该防线在罗马以北约130千米，是当年汉尼拔设下的最巧妙的陷阱所在地。它起于比萨，穿过佛罗伦萨，一直延伸到亚得里亚海岸的安科纳。

为逼进并突破“哥特防线”，盟军第十五集团军群于8月初制定了“橄榄”作战计划。8月25日，“橄榄”作战计划付诸实施。由于英第五军和加拿大第一军向东部转移是在极隐蔽情况下进行的，因此，达成了战役突然性。

扼守亚得里亚海滨地区的部队战斗力较弱，故英第八集团军很快突破了守军的防线。直至8月30日，凯塞林才调来两个德军师增援，但为时已晚，这时，英军已向前推进了十余千米。凯塞林为了缩短战线，命所有德军退入“哥特防线”阵地，从而腾出了部分力量增援亚得里亚海滨地区。

与此同时，位于西翼的美第五集团军在英第十三军的配合下发起猛烈攻击，一举打开佛罗伦萨以北的焦加山口，突破了德军寄予厚望的“哥特防线”，接着向博洛尼亚挺进。与此同时，第八集团军在亚得里亚海滨侧翼的处境依然困难。9月17日，其当面德军增至10个师，大大延缓了其推进速度。加拿大第一军虽然在21日终于到达里米尼，进而抵达波河流域三角洲，然而德军却已退守马索河防线。

在波河前面的平原上，纵横交错着13条河流，使第八集团军随后的推进付出了高昂的代价。许多步兵师被打得七零八落，只剩下一个空架子，战斗力急剧下降。这样一来，德军就得以腾出大部分兵力来对付克拉克的正在前进的第五集团军。

10月2日，克拉克的第五集团军在短暂的喘息之后重新向博洛尼亚进攻。他将其麾下的第二军所有的4个师全部投入战斗，但由于德守军顽强应战，并且有援军赶来，以致在此后的3周中，其推进速度平均每天不超过1.6千米。

10月27日，克拉克命第五集团军停止进攻。

至10月底，英第八集团军的推进也逐渐停止，他们仅渡过5条河，离波河尚有80千米之遥。12月，盟军为获取越冬基地，发起最后一次攻势，前出到腊万纳、法恩扎和维尔加托一线。

这期间，盟军和德军双方都对指挥机构进行了调整。亚历山大被提升为地中海盟军最高司令，即顶替被派往华盛顿的威尔逊之职。

第十五集团军群的指挥权交给了克拉克，特拉斯科特接任美第五集团军司令，麦克里里同时从利斯手中接过了英第八集团军的指挥棒，利斯则被派往缅甸战区。在德军方面，由于凯塞林在一次车祸中受伤，由黑廷霍夫接替其西南集团军群司令之职。

胜利反攻

第二次世界大战的结局

太平洋战场的反攻

1944年，盟军在一系列的越岛登陆作战中，突破了日军在太平洋的内防御圈，使日本海军遭到重创。随后盟军发起进攻菲律宾的登陆战役，在莱特湾海战中击溃了残余的日本舰队在西太平洋获得空中和海上的压倒性优势。虽然在硫磺岛、冲绳岛以及其他地方的苦战使双方都遭受严重的人员伤亡，但这些战役的成果是摧毁了日本军队的疯狂野心。

麦克阿瑟横扫西南太平洋

1944年年初，由盟军麦克阿瑟上将指挥的西南太平洋战区部队和由尼米兹上将指挥的南太平洋战区第三舰队协同完成的封锁，孤立日军在南太平洋的重要基地拉包尔的作战已胜利完成。

在整个作战过程中，麦克阿瑟的部队沿新几内亚岛克服安达指挥的日第十八集团军所部的抵抗，从左翼迂回拉包尔；而由哈尔西统帅的美第三舰队则同时在所罗门群岛的右翼向百武晴吉的日第十七集团军展开紧缩战。

在新几内亚方向，西南太平洋战区的盟军部队于1943年10月初占领莱城、萨拉莫阿和芬什哈芬后，暂停沿新几内亚岛的推进，而是封锁胡翁半岛并转入休整。同时，由克鲁格将军指挥的美第六集团军则渡过维提亚兹海峡，担负起后续作战任务。

12月15日，美第一骑兵师在新不列颠岛南部的阿拉瓦登陆，并很快在该岛建立了一个前进基地。与此同时，美海军第一陆战师在第七两栖编队协助下，于新不列颠岛北部的格洛斯特海角成功地建立了滩头阵地，并且修建了两个机场。

在所罗门群岛方向，哈尔西的美第三舰队及其配属的第三两栖编队一直按计划推进。

1943年7月2日至8月25日，美第三十七、第四十三及第二十五师经苦战夺取新乔治亚岛。

8月15日至10月7日，哈尔西麾下的盟军攻占韦拉拉韦拉岛。

12月1日，美第三海军陆战师从奥古斯塔皇后湾登上布干维尔岛。至年

底，奥古斯塔皇后湾已成为盟军的一个海军基地，并在滩头修建了3个机场。

进入1944年后，哈尔西麾下各部继续在所罗门群岛打击日军余部。在进一步封锁、孤立日军拉包尔基地的同时，南太平洋战区的盟军部队对驻守布干维尔岛的日第十七集团军施加了强大压力。

2月15日，新西兰第三师在海空军的支援下攻占格林岛，又为盟军封锁拉包尔的日军提供了一个重要的空军基地。

3月20日，哈尔西的部队绕过拉包尔夺取了其西北方向的卡米恩岛，此举意味着盟军对拉包尔日军钳形封锁的右翼任务已经完成。

在左翼，麦克阿瑟麾下的美第一海军陆战师和陆军第四十一师也在3月中旬经激战占领新不列颠全岛，完成了对拉包尔的左翼封锁。此后，美军撤离新不列颠岛，由布莱梅将军率领的澳大利亚军担负起牵制拉包尔日军的任

美军战列舰

务。

1月2日，西南太平洋盟军第二阶段的作战——收复新几内亚全岛的战斗正式发起，这一任务由麦克阿瑟的西南太平洋部队来完成。

为配合在胡翁半岛的澳大利亚部队所发起的正面攻击，麦克阿瑟派出美第三十二师一部在赛多尔北部登陆，并很快切断了澳军当面日军的退路。

1月23日，当两军会合时，日军被迫溃逃至内陆山区。这一行动为乔治·肯尼的美第五航空队提供了基地，并为后续作战的空中保障奠定了基础。随后，盟军的正面推进在马丹受阻。

在盟军西进期间，为阻止被困在俾斯麦—所罗门群岛一带的日军增援驻守新几内亚岛的日第十八集团军，同时也为盟军大量两栖战斗部队登陆提供方便的港口和分段运输基地，麦克阿瑟决定首先攻占阿德默勒尔蒂群岛。

由于该群岛具备理想的天然港口和机场场地，因此，对其占领后不仅可以支援尔后沿新几内亚岛海军的作战行动，而且还可直接打击加洛林和马里亚纳群岛的日军，支援中太平洋部队的作战。

1944年2月29日晨，蔡斯少将指挥美第一骑兵师第五骑兵队，在麦克阿瑟的亲自督战下，于洛斯内格罗斯岛快速登陆成功。随后，日军展开反击，但很快被麦克阿瑟从芬什哈芬调来的增援部队歼灭。

至3月底，整个阿德默勒尔蒂群岛已被盟军控制，守岛日军大部被歼。此战不仅使盟军获得了天然港口和数个机场，而且还封闭了俾斯麦—新不列颠—所罗门群岛一带80000残余日军最后的退路，等待他们的只能是坐以待毙。

尽管日军在南太平洋地区丧失了战略主动权，但其大本营仍决心尽最大努力守住新几内亚岛的西部地区。为此，日军在荷兰迪亚建立了一个较大的供给和保养基地，以支援坚守在马丹和威瓦克之间的日第十八集团军主力的作战。

荷兰迪亚之所以被日军选为后勤基地，主要是因为它距离盟军的进攻前沿远达800千米，而肯尼指挥的美第五航空队战斗机的最大作战半径仅为560

千米，无法对盟军在该地域的登陆行动提供空中掩护，因此被日军视作安全地域。为进一步加强在新几内亚岛西部的防御，日军还在荷兰迪亚内陆山区修建了数个新机场。

但也正因为荷兰迪亚在美军战斗机的作战半径之外，日军认为麦克阿瑟短期内不可能对其发起进攻，因而只在此部署了极少的防守部队，其余皆为作战能力极弱的后勤人员。这就为盟军迅速占领该战略要地创造了条件。

3月30日，驻守赛多尔的美第五航空队属下的远程轰炸机向新几内亚沿岸的日军基地发动了猛烈空袭，荷兰迪亚的日军机场也遭到反复轰炸，约400架日军飞机被击毁在机场的跑道上。

这次轰炸行动一直持续至4月19日。由于盟军在轰炸过程中有意加强对威瓦克和汉萨湾的攻击，因此，日军一直相信盟军将在此地域发动攻击。

此外，马丹东面的澳大利亚军队也于4月1日恢复西进攻势，这一行动不仅牢牢牵住了日第十八集团军主力，而且还迫使日军从荷兰迪亚方向抽调部分力量东援，从而使盟军预定登陆地域的日军防御更加薄弱。

为了避免舰队行驶过程中被日军空中侦察识破作战企图，麦克阿瑟将特混舰队集中在阿德默勒尔蒂群岛的北部，并向西北方向行驶。虽然这条航线比直接航向荷兰迪亚的航线远160海里左右，但却能达成突然性。

4月21日，当这支庞大舰队行驶到预定水域后，突然折而向南，迅速驶近荷属新几内亚海岸。随后，在艾塔佩登陆的编队从大舰队中分出，转向左舷，直驶艾塔佩，主力则继续向荷兰迪亚海岸进发。

次日晨4时，主力舰队一分为二，一部转向右舷，迅速向荷兰迪亚西北部16海里的塔拉梅拉湾驶去，余部直驶荷兰迪亚左侧的亨博尔特湾。

4月22日晨6时许，麦克阿瑟的舰队出现在荷兰迪亚海面，在舰炮的怒吼声中，一队队登陆艇冲破晨雾向海岸发起冲击。

美军第四十一和第二十四师分别在荷兰迪亚东西两边相距40千米的亨博尔特和塔拉梅拉湾登陆。与此同时，在肯尼的第五航空队远程作战飞机的支援下，美军两个团在艾塔佩登陆。

在整个作战过程中，金凯德的第七舰队和第七两栖编队同时支援荷兰迪亚和艾塔佩的作战行动。

在艾塔佩，登陆后的美军作战部队向守岛日军发起迅猛攻击的同时，美军工程部队迅速在岛上修建了一个野战机场。经过两天苦战，4月24日，美军攻占全岛。

当26日尼米兹的航空母舰撤出战斗时，艾塔佩起飞的陆基战斗机已能向荷兰迪亚地区作战的盟军提供有效的空中支援和掩护。此战，美军有450人阵亡，2500人受伤；日军约亡9000人。

在荷兰迪亚，虽然盟军登陆规模远大于艾塔佩，但由于达成了进攻的突然性，战斗发展较为顺利。美军登陆后，不仅没有遇到日军的炮火和自杀性的反冲击，相反，出现在他们眼前的是守军溃逃后的一片狼藉。

在海滩上，武器和各种各样的个人用品到处可见，甚至还能看到大米在锅里沸腾的景象。盟军在各个据点上都仅遇到象征性的抵抗，其时也很少见到日本空军和海军的袭击，致使尼米兹派来支援作战的第五十八航空母舰特混编队未充分发挥其作用。

4月27日，同在荷兰迪亚东西两侧登陆的美军会合，荷兰迪亚之战随之结束。此役美军仅亡100人，伤1000人；日军亡5000人，另外约有5000人逃匿到内陆丛林地区。

荷兰迪亚之战是盟军在太平洋战场上进行的最成功的战例之一。由于盟军海、陆、空三军计划周密，协同得力，达到了出其不意、攻其不备的效果，从而以较小的代价圆满地完成了预定的战役目标。

此战的胜利，使安达的日第十八集团军主力陷入了盟军的包围之中。其东面是澳大利亚军和美军，西面补给线则被荷兰迪亚和艾塔佩登陆的美军切断，北面是盟军海军控制的海面，南面是无法逾越的丛林山地，而盟军的空军则牢牢地掌握着整个新几内亚岛的制空权。日第十八集团军已名副其实地成了瓮中之鳖。

荷兰迪亚的迅速胜利，更进一步增强了麦克阿瑟尽快结束新几内亚战役

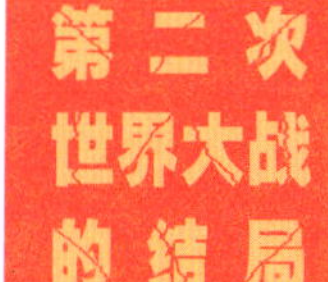

的决心。

4月27日，他向美国陆军部报告了拟于5月中旬攻击瓦克德岛的作战计划。此举旨在得到更多的机场，以便空军部队向西转移。该岛位于荷兰迪亚以西220千米处，已被日军建设成为重要的地面和空中战略基地。那里不仅有良好的机场，而且有许多仓库和宿营地。

5月17日，麦克阿瑟派出的两支战斗群分别在马劳湾和瓦克德上陆。进攻马劳湾一带陆上简易机场的是美第一六三团组成的“旋风特遣部队”。

由于日军的防守力量较弱，因此两支美军都顺利地完成了所受领的任务。

至5月20日，瓦克德—萨尔米地区的日军被全部消灭，盟军得到了期望中的前进基地。从这些基地出发，日军在新几内亚西部的其余机场和港口均处于盟军战斗机保护下的中程轰炸机的航程之内。

瓦克德岛战斗结束后，麦克阿瑟决定再次发动进攻，以他独创的“蛙跳战术”继续向前推进，目标指向地理位置极为重要的比阿岛。

他估计，比阿岛上的日军不会超过3000人，而事实上该岛日军近万人。正是这一判断的失误，导致盟军在攻克该岛的过程中付出了沉重代价。

5月27日，由美第四十一师组成的“旋风特遣队”发起攻占比阿岛的作战行动。此前，从瓦克德岛新基地起飞的美军飞机对预定登陆地域进行了轰炸。

在上陆前，支援登陆的海军战舰也对岛上进行了炮击。当美军从比阿岛南面上陆时，并未遇到较强抵抗，部队顺利占领了滩头。然而，日军的战术是将美军诱入岛内加以打击。

他们在密林覆盖且布满蜂窝般洞穴的山头上巧妙构筑了防御工事。当美军从海滩向岛上丘陵地带前进时，遭到了在洞穴中防守的日军的猛烈反击，双方遂展开了惨烈的争夺战，这次登陆最终演变成太平洋战争中最残酷的战斗之一。

驻扎在塔威塔威岛的日联合舰队司令部认为，美军对比阿岛发动的进攻

直接威胁着日军的"阿"号作战计划，因为比阿岛机场对于保持日军在帕劳群岛以南海域的空中优势至关重要。

6月3日，丰田副武派出一支部队，企图南下增援驻守比阿岛日军，后因遭到盟军飞机拦截被迫撤回。

7日，他又派出"东京快车"驱逐舰发动进攻，但又被美国海军逐回。

情势紧急，丰田决定派出一支大规模舰队前去驰援，包括其两舰超级战列舰"大和"号和"武藏"号。

6月13日，当该舰队接近新几内亚时，中太平洋的盟军部队已开始进攻塞班岛。为确保该岛安全，丰田立即取消了驰援比阿岛的计划。

6月29日，在比阿岛登陆的美军经血战歼灭了日军主要抵抗力量，控制了该岛，但肃清守军残余的行动却一直延续至8月份。此役美军因伤病损失近万人，日军伤亡也达万余人。

为尽快结束新几内亚战役，进而逼近菲律宾群岛，美国陆军部加强了西南太平洋战区的力量。美空军第十三航空队，美第十四军及其麾下的第二十五、第三十七、第四十、第四十三、第九十三师，以及菲律宾第一、第二团相继被编入麦克阿瑟的部队之中。

这样一来，麦克阿瑟的部队增加到15个师，其中美军师8个，澳大利亚师7个。此外，还有一支由3艘轻巡洋舰、27艘驱逐舰、30艘潜艇组成的海军舰队。

6月28日，被盟军包围在威瓦克地区的日第十八集团军司令部及其属下的3个师约40000人，向艾塔佩方向发起了最后的突围行动。

麦克阿瑟立即调来了3个美军师驰援，盟军飞机也适时加入对日军补给点与补给线的轰炸。在美军的顽强防御下，安达的部队向艾塔佩的数次突围均被击退。

在损失万余人后，日军突围的尝试归于失败。

7月31日，麦克阿瑟的部队从艾塔佩发动了一次双重包围，将安达的部队切为三段。随后，东西两线盟军相互协同，向被围日军发起了最后攻击。

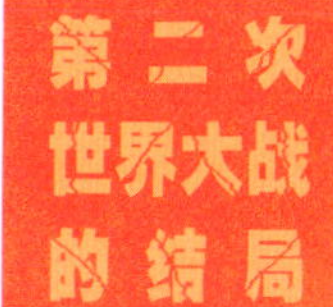

8月5日，被围日军大部被歼，只有部分逃入内陆丛林地带，并在那里分散袭扰直至战争结束。

与此同时，西部盟军仍继续向前跃进。

7月2日，在比阿岛的激战尚未结束之际，一支美军部队在靠近鸟头半岛的诺埃姆富岛登陆，并很快控制全岛。

7月7日，诺埃姆富岛的日军被肃清，美空军又获得一处前进基地。

7月底，美军开始攻打鸟头半岛，这是日军在新几内亚的最后一个据点。为避开鸟头半岛的防御支点马诺克瓦里，麦克阿瑟决定从半岛西部发起攻击，即从日军疏于防守的奥帕玛丽亚角附近的大陆和米德尔堡、阿姆斯特丹岛的西北部登陆，然后再从奥帕玛丽亚对桑萨波角进行对岸登陆。

这一行动将使麦克阿瑟的部队再向西跃进300千米，相距菲律宾已不足1000千米。这样，日军在马诺克瓦里的据点已失去了作用，25000名驻军被孤立，唯一可逃脱的南方路线是遍布沼泽和丛林的险阻地带。

30日，美军一个师在桑萨波角上陆，未遇到日军抵抗，此举标志着麦克阿瑟发起的长期而艰苦的新几内亚之战的结束，从而为光复菲律宾群岛创造了有利条件。

哈尔西攻掠中太平洋诸岛

在麦克阿瑟率军横扫西南太平洋的同时，哈尔西率部在中太平洋的攻掠也正进行得如火如荼。哈尔西首先把目光投向了马绍尔群岛。

马绍尔群岛由32个珊瑚岛和许多小岛群组成，在周围40万平方千米的洋面上有800多个珊瑚礁，海区面积达127.5万平方千米，陆上面积190平方千米。

群岛由西北至东北形成并排的两列，较大的岛屿有夸贾林、埃尼威托克、马佚罗、贾卢伊特、比基尼、俄特杰和米利环礁。其中位于中心的夸贾林岛是第一大岛。

根据美军情报部门侦察，马绍尔群岛的防御由日本海军第四舰队所属的地面部队担负。该舰队共有地面兵力24000人，飞机约150架，分布在6个小岛的机场上，海上兵力为两个猎潜艇中队，约有10艘猎潜艇。

1943年12月14日，在珍珠港召集的会议上，尼米兹宣布了最后确定的进攻马绍尔群岛的“燧发枪”作战计划。该计划一改过去先取离珍珠港较近的马济拉普岛和沃吉岛环礁的设想，转而将马绍尔群岛中心地带的夸贾林岛及其环礁湖列为首选目标。

尼米兹之所以对首战目标进行修改，主要是因为日军近期改变了兵力部署，将马绍尔群岛内线各岛屿的守军相当一部分抽调出来加强马洛拉普和沃吉两岛，从而使日军的防御出现了外强中弱的局面。

根据“燧发枪”作战计划，盟军利用马金岛和塔拉瓦岛机场，重点轰炸外围的沃吉岛和马洛拉普岛，而攻击部队将直插马绍尔群岛的中心岛屿，首

先在罗伊—那慕尔岛和夸贾林岛登陆。

这两个岛屿位于三角形夸贾林环礁群的两个角上。攻占这两个岛屿之后，盟军可立即进攻北翼的埃尼威托克岛。

在美国参谋长联席会议于1944年1月3日召开的旧金山会议上，尼米兹制定的这个越过马绍尔群岛东部诸岛发起进攻的“燧发枪”计划被批准。最后确定的进攻发起日为1944年1月31日。

根据计划，这次两栖作战的总指挥由第五两栖编队司令凯利·特纳海军少将担任；曾参加过阿图岛登陆的步兵第七师组成在夸贾林岛登陆的南线部队；康诺利海军少将指挥的由第四海军陆战师组成的北线部队，其任务是攻占罗伊—那慕尔岛；美第二十七师的一个营负责对马佛罗岛的占领。

海军方面，第五舰队司令斯普鲁恩斯将军任海上作战的总指挥。目前他的力量已扩至拥有375艘军舰、700架以航空母舰为

航空母舰

基地和475架以陆地为基地的飞机。

战役发起前，中太平洋盟军充分吸取了塔拉瓦岛战役的教训，对马绍尔群岛日军进行了全方位的火力打击。

自1944年1月29日起，连续3天，战列舰以密集炮火猛烈轰击了夸贾林环礁湖两侧的岛屿，从塔拉瓦和马金岛起飞的陆基轰炸机破坏了贾卢伊特岛和米利岛上的小机场。

米切尔的第五十八航空母舰特混编队袭击了沃吉岛和马洛拉普岛。在火力打击中，由于盟军有意减少直接对夸贾林岛的轰炸，因此日军并未识破盟军的真实意图。

通过袭击，驻马绍尔群岛的日军飞机绝大部分被毁于地面，只有9架逃到特鲁克岛基地。驻扎在该群岛的为数不多的日军舰艇也基本被炸毁。

可以说，美军在登陆前已完全掌握了马绍尔群岛附近海域的海空控制权，守岛日军基本上同外界断绝了联系。

1944年1月31日晨，希尔海军少将率领美第二十七师一个营的兵力在距夸贾林岛约195海里的马保罗岛登陆，由于日军未在此设防，上午9时50分盟军即控制全岛，从而为盟军海军勤务部队提供了一处理想的抛锚地。

同一天，向夸贾林岛开进的部队首先夺取了该岛附近的一个小岛，并迅速在小岛上部署了炮兵，从而将夸贾林岛置于盟军炮火的直接打击之下。

2月1日，美第七师开始在夸贾林岛的南侧上陆。与此同时，美第四海军陆战师也向夸贾林岛北边约80千米的罗伊—那慕尔岛发起攻击。

在夸贾林岛，尽管盟军预先进行了猛烈的空袭和炮火打击，但当美第七师上陆后，仍遇到了秋山少将所指挥的约5000名日军的反扑。在航空母舰舰载机的支援下，上陆美军才得以压制住疯狂的守军。

又经过4天激战，日军才终止抵抗，马绍尔群岛上的日防御中心终于落入盟军之手。

在环礁湖对面，美第四海军陆战师的部队只用了48小时就攻占了罗伊岛和那慕尔岛以及连接两岛的狭窄堤道。随后，康诺利的部队开始了在组成世

界上最大环礁的97个小岛上肃清日军残敌的战斗。

2月4日下午，美军占领了整个夸贾林环礁。由于美军充分利用海空优势打击日军，因此在整个作战过程中美军伤亡轻微。而日军8000人的守备部队，就有7870人战死。

坐镇特鲁克基地的日联合舰队司令古贺峰一大将，鉴于日舰队缺乏空中掩护，未敢派主力出战，仅派出部分潜艇对美军登陆部队进行了袭扰，结果4艘被击毁。

由于攻占夸贾林环礁湖的战斗较为顺利，尼米兹决定提前发起对马绍尔群岛中的另一个大岛——埃尼威托克环礁的攻击。他将这一任务交给了原作为预备队的美第二海军陆战师和部分陆军部队，并由特纳的第五两栖编队负责输送。

2月17日，特纳的两栖部队把第二海军陆战师和陆军部队送往环礁的3个主要岛屿恩格比岛、埃尼威托克和帕里岛，途中未遇到日机的空袭。在恩比格岛的登陆较为顺利，但在埃尼威托克岛和帕里岛却遭到了日第一两栖旅2200余人的顽强抵抗。

尽管如此，由于美军占据绝对的空军优势，仍很快控制了埃尼威托克岛。

此战日守军全部被歼，美军亡339人。在美军攻占埃尼威托克岛的同时，为了防止日军来自特鲁克群岛的增援，美第五十八航空母舰特混编队抽调了3个战斗群，对特鲁克群岛实施了大规模的轰炸。

为避免被歼，日联合舰队司令古贺峰一迅速命令日舰主力撤离特鲁克群岛，逃至菲律宾海域。

美军以损失25架飞机和一艘航空母舰遭重创的代价，取得了击毁日军飞机275架，击沉作战舰艇15艘、辅助舰船24艘的战果。

美军在攻占了马绍尔群岛之后，决定绕过日军已坚固设防的加罗林群岛，跨越约1000海里的路程，直取马里亚纳群岛。

美军攻占马里亚纳群岛的目的是:

占领该岛作为海空军前进基地，以便进一步夺取西太平洋的海空控制权；切断日本本土与南太平洋诸岛之间的海上交通线，为下一步向帛琉、菲律宾、台湾和小笠原群岛进攻打开通路，并为对日本本土实施远程轰炸创造条件。

这次代号为“奇袭”的战役行动，是美军在太平洋战场发起反攻后规模最大的一次两栖作战行动。为确保战役胜利，美军的准备工作耗费了长达三个月的时间，拟动用中太平洋的几乎全部海空力量及地面部队。

1944年6月6日，即欧洲盟军发起诺曼底登陆的同一天，由约650艘舰船组成的美国大舰队，在斯普鲁恩斯海军上将的统一指挥下，开始了“奇袭”行动的征程。

6月11日，美第五十八航空母舰特混编队到达关岛以东200海里处，出动舰载机对马里亚纳群岛的南部诸岛实施猛烈的空袭。

6月14日，该编队又派出两个战斗机群空袭了硫磺岛和父岛的机场，以切断马里亚纳群岛与日本本土的空中联系，使其处于完全孤立的状态。

与此同时，美海军的若干艘潜艇，也在马里亚纳群岛的附近海区展开，以侦察和监视日本海军舰队的活动。通过预先航空火力准备，美第五十八航空母舰特混编队在马里亚纳群岛附近海区共击落和击毁日军岸基飞机147架，基本上掌握了制空权，为美军实施登陆作战创造了条件。

6月15日晨，在海军舰炮的轰击掩护下，美第一批海军陆战队员分乘600辆两栖登陆车从8个滩头登上塞班岛海滩。

从海上的护航航空母舰上起飞的“复仇者”式飞机，以火箭对滩头日军实施最后一轮的火力突击。在不到20分钟的时间内，就有8000多名美军海军陆战队员登上了塞班岛。至傍晚时分，上岸美军总数已达20000余人，并为翌日向内陆发起大规模攻击做好了准备。

在登陆美军当面防守的是由斋藤将军指挥的日军第四十三师。该师经过

15日凭借高地顽强阻击美军向内陆扩展后，于16日凌晨3时集合千余名士兵和36辆坦克冲下高地，向上陆美军发起了首次反击，但这次反击立即遭到美沿海驱逐舰炮火的有力拦阻，很快归于失败。

然而，斋藤并未停止其反击行动，随后他又连续组织力量向滩头美军反扑，直至其力量损失超过3／4后，斋藤才被迫打消了反攻的企图，转而固守塔波乔山顶，以待日军海空力量在决战中击溃美国舰队后前来解围。

6月16日下午，正当塞班岛上登陆美军同守岛日军激战之时，斯普鲁恩斯在他的旗舰“印第安纳波利斯”号上举行了一次海军和两栖作战部队指挥官的会议。

他通报了在菲律宾群岛海域巡逻的美军潜艇发回的有关两支日军大型海军舰队正驶过圣贝纳迪诺海峡和苏里高海峡的无线电报告，认为日海军此举显然是驶向马里亚纳群岛，意欲摧毁美军的滩头堡。

鉴于此，斯普鲁恩斯决定暂不进攻关岛，遂命令运载美第二十七师的舰队向西行驶，增援塞班岛美军，同时命令米切尔的第五十八航空母舰特混编队采取必要行动，骚扰日舰队。

18日，美海军陆战队继续在塞班岛激战，向加拉潘城和位于该岛北部的阿斯利托的主要机场推进。由于米切尔统率的航空母舰和其他美军舰只改变了行动计划，无法给登陆部队提供足够的海军火力支援，故岛上美军的每一步推进都付出了高昂代价。但美军仍在日落时占领了日军主机场。

21日，随着日舰队在菲律宾海战中的失败，斋藤将军意识到他的守军已孤立无援。他命令岛上日军死守到最后一粒子弹，旨在使美军为夺取塞班岛付出沉重代价。

美第二和第四海军陆战师以及刚上陆不久的美陆军第二十七师由南向北稳步推进，至7月初，已将日军逼退到塞班岛北部1／3的地方。

随着美军压缩式的推进，残余日军的抵抗越来越激烈。

霍兰·史密斯将军由于对美军前进速度不满，解除了拉尔夫·史密斯少将对第二十七师的指挥权，亲自指挥作战。

至7月6日，美军的压力已使龟缩在塞班岛北角山洞里的日军彻底绝望，守岛日军司令斋藤义次和日军中太平洋舰队司令南云忠一相继自杀。

7月9日，塞班岛之战终于结束。此战美军亡3126人，伤约13200人，另有326人失踪；而日本军死亡人数约为27000人，仅2000人被俘。

当美日地面部队在塞班岛上鏖战之时，美海军第五舰队和日联合舰队的主力第一机动舰队，在菲律宾海域进行了一场大规模的海战，它的胜负直接影响了美日地面部队在塞班岛上的争夺战。

6月17日晨，斯普鲁恩斯确切获悉小泽治三郎已率舰队进入菲律宾海的行动后，立即指示位于提尼安岛以西135海里的米切尔第五十八航空母舰特混编队返航。黄昏时分，美海军集合完毕。

斯普鲁恩斯第五舰队在太平洋上摆开30海里长的F形阵势。米切尔的4个航空母舰群组成了F阵势的两条横道，而李少将特遣舰队的7艘战列舰组成了F阵势的竖线。

斯普鲁恩斯通过无线电发布战斗命令：

米切尔的舰载机务必首先摧毁日航空母舰，然后攻击日战列舰和巡洋舰……李少将的舰队则负责摧毁日舰……

几乎与此同时，远在东京坐镇指挥的丰田副武将军，也向正在横越太平洋朝塞班岛驶去的日第一机动舰队发出战斗命令。虽然与美国舰队相比小泽的舰队明显处于劣势，特别是作战飞机，美军两倍于日军，但丰田认为这一差距可用陆基飞机来弥补。

根据日本海军规定的诸部队作战战术，丰田决定让栗田率领一支包括3艘轻型航空母舰的先头部队去引诱美军进攻，而同时小泽由6艘航空母舰和5艘战列舰组成的主力舰队则在相距85海里的后面摆开阵势，准备实施主攻。

6月18日一整天，这两支舰队都在马里亚纳群岛以西的海面上搜寻对方的踪迹。

美军小心翼翼地提防着日海军航程较远的飞机，而日本人则决意不让美第五舰队较强的舰炮火力发挥出来。

直至19日晨，当小泽打破无线电静默，发信号出动一支正在关岛加油的巡逻机队时，斯普鲁恩斯才察觉到对方的实际位置。这时美日舰队之间相距约270海里，在这一距离上美国海军的舰载机无能为力。

为免遭日岸基飞机的攻击，6月19日清晨，米切尔的第五十八航空母舰特混编队出动33架舰载机对日军停泊在关岛的岸基飞机实施了攻击，共击毁日军战斗机30架、轰炸机5架。这样，美军将日军在马里亚纳群岛上仅剩的岸基飞机全部摧毁。

19日上午10时，美第五十八航空母舰特混编队的雷达在约130海里处发现有日军的飞机来袭，这是日第一机动舰队对美军发动的4次攻势中的第一次。

此次小泽共出动了69架飞机，美军遂出动450架战斗机前去拦截。随之双方进行了激烈的空战。

与此同时，米切尔出动了航空母舰上的轰炸机，对关岛上的日军机场进行了突袭，使日军的舰载机无法利用这些机场降落。此次空战，日机共被击落42架，只有27架飞机得以生还。

紧接着，日舰队发起了第二次攻击，共出动飞机128架，但同样遭到了美军战斗机的拦截，结果日机只有31架返航。第三次，日军又出动了约47架飞机，结果被击落7架。

最后，小泽发动了第四次攻势，出动了约82架飞机，结果大部分被击落，只有11架飞机返回航空母舰。

在6月19日前后持续8小时的激烈海空战中，日本海军的第一机动舰队损失惨重，共损失舰载机约220架。加上美军对日军岸基飞机的轰炸，19日当天日军共损失各种飞机约300架。

除此之外，日本海军第一机动舰队的舰只也受到重创。当海空作战进行正酣之时，美军的两艘潜艇突破日军舰队的反潜警戒幕，对日军小泽的旗舰

航空母舰“大风”号和“翔鹤”号发射了鱼雷并将它们击沉。在遭受如此重大的损失后，小泽不得不命令舰队向西北方向撤退。

美军决定乘胜追击。斯普鲁恩斯命令米切尔留下一个航空母舰群用于保护塞班岛，其余作战舰艇皆向西南方向追歼。

6月20日中午，由于在西南方向未发现日军舰队，米切尔决定改变航向向西北追击。16时，米切尔接到美军侦察机报告，在距其舰队约238海里处发现小泽的第一机动舰队。米切尔决定对日军舰队发起夜间攻击。16时30分，他命令216架美机起飞。在日落之前，美机追上了日军舰队并对其发动了猛烈突击，结果日军“飞鹰”号航空母舰被击沉，同时被击沉的还有两艘日军油船。

此外，还击伤日军航空母舰两艘、战列舰和巡洋舰各一艘，击落日机约40架。在这次海空交战中，小泽匆忙中派出75架飞机拦截，美军舰载机被击落20架。

在战斗中一帆风顺的美军飞行员，在返航时却遭受惨重损失。

由于海面一片漆黑，美军飞行员又大部分未受过在夜间条件下着舰的训练，所以那些受伤的和油料已尽的飞机只能在海上迫降。为了最大限度地保全飞机，米切尔冒着可能受到日军潜艇攻击的危险，命令打开舰船上的灯光。

在灯光照耀下，美军飞机争先恐后地着舰，从而造成了很大的混乱，一些来不及着舰的飞机，只能落入水中。20日晚上，在着舰时坠入海中或撞坏的美军飞机约有40架。在两天的作战中，美军共损失约130架飞机、飞行员76名。

两周后，美军逼近关岛。至美军登陆前，守岛日军有陆军一个师、一个独立混成旅和一个独立混成团，共18000余人。

登陆前，美军对关岛进行了为期两周的航空火力轰炸和炮击，摧毁了日军大部分的火炮阵地和重要的防御设施。

7月21日晨，美军第七十七步兵师和海军第三陆战师在相距6.5千米的两

处滩头登陆。经过5天激战，两路会合，并将岛上大部日军压缩在狭窄的欧罗半岛上。为求突围，日军向当面美军发动了一次次自杀性反扑，但均被击退。

7月29日，美军集中了两个师的兵力向关岛的北部发起总攻。

8月10日，美军攻占了守岛日军的司令部，守岛部队司令长官小田中将自杀身亡。其余日军一部分被歼，一部分潜入岩洞、丛林。

美军占领全岛后，对岛上的零散日军进行了清剿，残余日军直至大战结束后才出来投降。此役，日军战死约17000人，被俘1250人；美军阵亡1400人，伤5600人。

还在塞班岛战役进行之时，美军就以海空军及舰炮火力，对在塞班岛以南的提尼安岛进行了猛烈的轰炸。

7月24日，美第二和第四海军陆战师约35000人在该岛登陆。岛上日军仅9000人。因此，当美军在北部海滩登陆时，只遇到微弱的抵抗，登陆当天就占领了滩头阵地。

美军在向岛的纵深推进时，遇到了守岛日军的抵抗。经过几次争夺，美军于第三天巩固了登陆场，并将日军逼退到南部高地和悬崖。

8月1日，美军占领了全岛，日军大部被歼，小部分日军窜入丛林继续顽抗。在攻占提尼安岛的过程中，为了摧毁日军的半地下坚固工事，美空军第一次使用了凝固汽油弹。此战，美军伤亡1700余人；日军亡6050人，被俘200余人。

盟军进攻菲律宾群岛

1944年7月，在中太平洋盟军攻占马里亚纳群岛后，两支钳形反攻的盟军部队，即尼米兹的中太平洋战区部队和从新几内亚岛北上的麦克阿瑟的西南太平洋战区部队，将在菲律宾群岛前会合一处。

由于两支盟军部队在太平洋战区的反攻速度比预定的作战计划大大提前，因此，美国参谋长联席会议在这一新的形势面前，并未能及时明确太平洋盟军的下一步具体行动方向。

最后，罗斯福总统接受了麦克阿瑟的建议，决定首先进行菲律宾战役。

根据会议确立的菲律宾战役计划，战役初期由麦克阿瑟负责夺取群岛

最南端的棉兰老岛，尼米兹则负责攻占雅浦岛，然后两人联合作战夺取莱特岛。接着，麦克阿瑟和尼米兹指挥各自的部队，分别进攻吕宋岛、琉球岛和冲绳岛。根据罗斯福总统的指示，麦克阿瑟制定了代号为“雷诺”的菲律宾战役计划。

该计划将棉兰老岛选为首要战术目标，进攻部队将从新几内亚的基地出发，在第三舰队的全力支持下，预定于11月15日在棉兰老岛南部上陆，12月20日在莱特湾获得最初的立足点。

此前，为获取前进基地，麦克阿瑟和尼米兹将于9月15日分别派部队夺占菲律宾群岛外围的摩罗泰和佩莱利乌岛。

为支援摩罗泰—佩莱利乌岛的作战行动，9月6日，哈尔西率领第三舰队的航空母舰攻击了雅浦岛、乌利亚岛和帛硫群岛，旨在孤立这些岛屿上及其

菲律宾长滩岛 

附近的日军基地，削弱日军防御力量。

9月9日、10日，哈尔西的舰载机又空袭了棉兰老岛，作战中意外发现日军的空中防御十分薄弱，几乎没有日机迎战，同时还证明此前由新几内亚机场出发的盟军岸基轰炸机已严重破坏了日军的空军设施。

9月12日、13日，哈尔西的航空母舰编队袭击了比萨扬群岛，日本空军再一次表现出惊人的软弱无力。

这一发现使哈尔西异常兴奋，他向尼米兹和麦克阿瑟建议，取消在棉兰老岛和雅浦岛这一中间阶段的登陆作战，而直接攻占莱特岛。尼米兹和麦克阿瑟立即同意了哈尔西的这一新建议，并提交正在魁北克开会的美参谋长联席会议讨论。

很快，参谋长联席会议回电，同意直接攻打莱特岛的新作战计划，并指示尼米兹在战役期间将其第三十二两栖编队和第二十四军暂归麦克阿瑟指挥，登陆作战的日期由原定的12月20日提前至10月20日，比原计划整整提前了两个月。

根据美国参谋长联席会议批示，麦克阿瑟重新修订了“雷诺”战役计划。在新的作战计划中，盟军的登陆地点选在莱特岛东北部沿岸的平原地带。此次作战的首要目标是占领莱特岛沿岸杜拉格与圣何塞之间近30千米的地区，旨在尽快攻克重要的塔克洛班飞机场，进而占领并使用正在发展中的杜拉格飞机场网。这样一来，登陆盟军就能够控制圣胡安海峡，将进攻部队放在南部的帕纳昂海峡攻击距离之内。

9月15日，麦克阿瑟所部的一支分遣队在摩罗泰岛登陆，只遇到日军的轻微抵抗。美军上岛后，很快建立了一个空军前进基地，至10月4日，已有美军飞机在此起落。

与此同时，尼米兹的中太平洋部队也突击了帛硫群岛中的佩莱利乌岛。由海军少将罗伊·盖格斯率领的第三陆海军战师一部在该岛同日军展开了为期两个半月的血战。

最终，美军经过逐个山洞、逐个山脊、一寸一寸地向前推进，至11月25

日才肃清了守敌。由于情报失误，使这次登陆突袭行动演变成为太平洋战场最残酷的岛屿争夺战之一。

此战击毙日军10000余人，美军亡2000余人，伤数千人。此间，威尔金森的第三十二两栖编队还于9月17日至20日攻占了恩盖屋岛，23日未遇抵抗占领了位于雅浦岛以西约160千米的乌利西环礁岛，从而使该环礁岛优良的港口成为哈尔西第三舰队的一个前进基地。

为确保挺进菲律宾的战役首战告捷，盟军空军部队自10月7日起对日空军和日防御部队进行了航空火力打击。哈尔西第三舰队的舰载机一马当先，猛轰了战区内的日空军基地，力图一举瘫痪日本空军。

与此同时，驻守新几内亚的美第五航空队和驻守马里亚纳群岛的美第七航空队也分别攻击了其航程内的所有日军基地。

10月9日至10日，米切尔的第三十八航空母舰特混编队北上袭击了位于冲绳岛的日本军舰及其防御设施。10月11日，第三十八航空母舰特混编队南下，再次袭击了吕宋岛北端的阿帕里地区，随后又返回台湾近海。

12日，米切尔出动舰载机约600架袭击了台湾南部。同一天，驻印度加尔各答的第二十航空队也出动了100架B—29重型轰炸机经中国成都加油后奔袭台湾。这两次空袭使日本在台湾的空军部队遭到严重打击，另有两艘日驱逐舰也被击成重伤。

由于被舰船炮火和许多被击落日机火焰的误导，日无线电台声称取得了一次伟大的海战胜利。

哈尔西希望借此机会诱出日联合舰队，于是留下一支巡洋舰编队欺骗日军，同时命令第三十八航空母舰特混编队向东驶入菲律宾海规避、坐等。

日本本土的丰田副武果真上当，吃下为他设下的诱饵。他调动了600架航空母舰上的舰载机增援台湾，企图歼灭美航空母舰编队，但却扑空。就在此时，哈尔西令第三十八航空母舰特混编队突然杀出，将增援日机半数摧毁。

此役美军前后共毁日机650架，击伤多架，还摧毁了日军在台湾构筑的许多岸防设施。美军的损失不大，只有两艘驱逐舰被击成重伤，其他几艘舰船

轻度受伤，另外损失75架飞机。由于在这次战斗中日军航空母舰舰载机飞行员损失严重，因此在相当程度上影响了随后进行的莱特湾海战。

10月14日，由威尔金森率领的美第三十二两栖编队和巴比率领的美第七两栖编队，分别在马里亚纳海域和新几内亚的荷兰迪亚附近海域集结，搭载登陆部队后向莱特湾进发。10月16日，两支两栖编队在莱特湾外海域会合。

17日晨，编成一个庞大舰队的登陆部队，开始向莱特岛启航。途中，担负水面护航任务的是美第七舰队的海上火力支援群，由奥尔登多夫海军少将率领，包括6艘战列舰、5艘重型巡洋舰、4艘轻型巡洋舰和66艘驱逐舰。

担负空中护航任务的是第七舰队的空中火力支援编队，由托马斯·斯普拉格少将指挥，辖16艘护航航空母舰、9艘驱逐舰和1艘护航驱逐舰。在该舰队的侧翼远方，哈尔西的第三舰队正严阵以待，随时准备拦截从任何方向出现的日本海军联合舰队。

这是一支机动性和战斗力都很强大的舰队，其中由米切尔率领的第三十八航空母舰特混编队为第三舰队主力，它包括8艘重型航空母舰、8艘轻型航空母舰、6艘新建造的快速战列舰、6艘重型巡洋舰、9艘轻型巡洋舰和58艘驱逐舰，拥有舰载机1000余架。此外，还有4艘潜艇为第三舰队担任警戒任务。

10月20日晨，经过严密的侦察和猛烈的火力准备，盟军拉开了莱特湾地区地面作战第二阶段的战役序幕。美第六集团军编成内的美第十军和第二十四军的4个师分别在圣何塞和杜拉格附近滩头同时登陆。

由于日第十六师未做好抗登陆准备，因此美军在登陆初期只遇到轻微抵抗。至深夜，已有13.2万名美军和近20万吨物资装备上陆。

此间，日军唯一一次有威胁的反扑是出动了一小批鱼雷轰炸机重创了美重型巡洋舰“檀香山”号。10月21日，美军开始向岛上的塔克洛班推进，守军仍只出动小股部队进行抵抗，意在保存力量固守莱特岛首府后面的山头。

10月22日下午14时，麦克阿瑟在菲律宾总统塞西奥·奥斯梅纳的陪同下从登陆艇上涉水上岸。

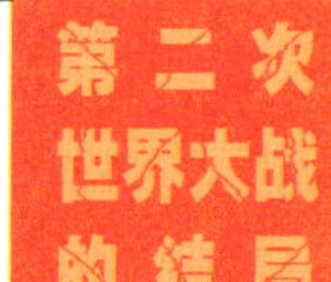

美海陆空军挺进马尼拉湾

吕宋岛是菲律宾群岛的第一大岛屿，也是菲律宾政治、经济、文化的中心。在莱特岛防御战失利后，山下奉文就将防守菲律宾群岛的赌注压在了吕宋岛之战上。为此，他在该岛集结了25万日军和大量物资、弹药，并拟制了一个完善的纵深防御计划。该计划充分考虑到了日军在海空方面的劣势，不急于同盟军在滩头决战，而是待盟军上岸后，再行包围歼灭。

因此，在兵力部署上，该计划根据吕宋岛的地理特点，将25万名日军分三个区域设防：在吕宋岛的北部地区，山下部署了其大部兵力，计14万余人，意在阻止盟军从林加延湾的登陆；在中西部地区，部署了30000人，意在保卫吕宋岛中部和西部的机场；在吕宋岛的南部地区，山下部署了80000余人，意在守卫菲律宾首府及马尼拉湾。

在盟军方面，吕宋岛同样是麦克阿瑟所实施的菲律宾战役的最重要的目标。在莱特岛的地面作战还在激烈进行之时，麦克阿瑟就已制定出收复吕宋岛的作战计划。

1945年1月3日，麦克阿瑟从四面八方集结起来的大舰队驶出莱特湾，向吕宋岛的林加延湾进发。这支舰队除拥有用于运输登陆部队的430余艘船只之外，还有164艘作战舰艇，包括6艘战列舰和17艘护航航空母舰。

与此同时，从哈尔西的航空母舰上起飞的飞机以及经中国成都机场加油的第二十航空队的飞机，猛烈袭击了位于台湾岛的日军机场，而从莱特岛以及新夺取的民都洛岛机场起飞的飞机，则试图摧毁日军在吕宋岛的空中力量。尽管如此，金凯德的舰队在进军林加延湾的途中和登陆之初仍遭到日

“神风”突击队的猛烈攻击。一艘护航航空母舰被击沉，另外一艘遭重创，“新墨西哥号”战列舰和1艘重型巡洋舰、4艘轻型巡洋舰及其他两艘舰船都遭到致命的打击，前来观战的英皇家海军陆战队的拉姆斯登中将也在日机的自杀性攻击中丧生。

然而，随着哈尔西和肯尼的飞机猛轰吕宋岛及其周围战区内的日空军基地，再加上日军自杀攻击的消耗，“神风”突击队的攻势很快就瓦解了。

1月9日晨，麦克阿瑟的部队抵达林加延预定登陆海滩外，根据命令，克鲁格第六集团军中的两个军共4个师分乘2500余艘登陆艇直扑登陆滩头。

由于盟军事先进行了大规模的欺骗活动，再加上日军的防御战术旨在同盟军进行内陆决战，故第一批登陆美军几乎未遇到抵抗。

夜幕降临时，已有68000名美军和装备在林加延至达摩提斯之间登陆，并连成了一个纵深7千米的绵长滩头堡。当日，麦克阿瑟将军也乘坐第一军的登陆艇登上了吕宋岛。他再次向部下明确了作战任务：

格里斯沃尔德的第十四军将向南挺进，解放马尼拉，斯威夫特的第一军则负责保卫其侧翼和后方的安全。

日本战机

1月10日，格里斯沃尔德的第十四军冲出滩头后折而沿吕宋岛中央平原的西部南下。中央平原由吕宋岛东西部两侧的高山冲刷下来的淤泥堆积而成，从林加延湾延伸到内湖湾，南北长约195千米，宽50至80千米。这是整个菲律宾群岛中最肥沃的一块谷地，其间有四通八达的铁路、公路运输网。在第十四军南下的第一周时间内，日军限于地形条件只进行了有限的抵抗，使美军顺利前进了60千米，抵达日军沿阿格诺河设置的防线。随后，格里斯沃尔德的两个师在奥唐纳尔兵营—斯图森堡要塞—克拉克机场地区同日军陷入激战。此间，第十四军派出一个团的兵力插向邦板牙河泥泞的三角洲地区。

与此同时，斯威夫特的第一军正面临着日军北部集团的强大压力。在圣曼努埃尔，日军以一个坦克旅为先锋向第六师发起了凶猛的反攻，美军被迫后撤。由于日军的反攻直接威胁着美第十四军的后方，因此，麦克阿瑟亲临第六师阵地，同师长多尔顿上校一起稳住了阵势。

为了将日军北部集团赶进山区，麦克阿瑟将第六集团军的预备队第二十五、第三十二师调至斯威夫特的战线。经激战，第一军成功阻退了日军的反扑，并将日军逼退至北部和中部山区。至1月底，北翼的斯威夫特的部队正穿过圣何塞，以切断吕宋北部凸出部分的日军部队，而格里斯沃尔德的先头部队已经推进到离马尼拉仅20千米处。

为了加速吕宋岛战役，麦克阿瑟决定立即实施战役计划中的南部助攻行动。1月29日，艾克尔伯格的第八集团军第十一军受命在吕宋岛的圣安东尼奥上岸。由于这次行动完全出乎日军预料之外，因此达成了进攻的突然性，只遇到了日军的轻微抵抗。这次登陆行动的成功，不仅直接威胁着在马尼拉平原抵抗盟军推进的日军侧翼，而且也有效地阻挡了日军在巴丹半岛的往返调动。

至2月5日，已归属第六集团军的第十一军控制了通向巴丹的极其重要的关口。随着半岛日军抵抗的增强，第十一军遂转向内陆推进，在切断半岛日军同其余地区联系的同时，协助第十四军打开马尼拉湾。

1月31日，第十一空降师的两个团在斯温少将的指挥下，在马尼拉南面的纳苏格布空降着陆。2月3日，该师的另一个团又被空降到马尼拉以南约50

千米的塔盖特突出部。第二天，该师主力到达马尼拉南部外的帕拉尼亚克，却被日军的顽强抵抗所阻。与此同时，美军第十四军的战线也取得了重大突破。1月31日，第四十师经数日激战终于肃清克拉克机场和斯图森堡要塞的日军。2月2日，该军先头第三十七师一部已抵达马尼拉北部的马洛洛—普洛洛一线，做好了进攻马尼拉的准备。为了进一步加强第十四军的力量，麦克阿瑟命令美第一骑兵师在林加延上陆，加入该军。

2月1日，该师已开进至卡巴纳端地域，并随之迅速南下，执行从另一翼迂回包围马尼拉守军的任务。此间，第一军仍继续在第十四军左翼担任压制日军北部集团并将其封锁在邦都山区和东北部的卡加延山谷的重任。

在吕宋岛战役中，麦克阿瑟时刻关心着3年前被俘盟军的命运。鉴于守岛日军的疯狂性，如果不抢先一步解救这些受尽虐待的战俘，其生还的可能性极小。为此，麦克阿瑟专门拟制了一个营救靠近前线集中营战俘的计划。

1月29日，盟军进行了第一次营救行动。这次行动的目标是位于圣何塞日军防线后方约56千米的卡巴纳端。入夜，一支由美军突击队员和菲律宾游击队员组成的别动队迅速突破了日军防线，进入卡巴纳端，顺利解救出了集中营内的约500名美军战俘。这次行动使盟军很受鼓舞。

2月3日，第一骑兵师响应麦克阿瑟的号召，组织了一支由坦克和机动车辆组成的别动队，受命冲进马尼拉市，并放出被囚于桑托·托马斯大学校园内的约5000名美国平民俘虏。此举的成功使麦克阿瑟产生了错觉，他认为日军在马尼拉的防御十分薄弱，并立即命令美第三十七师向马尼拉挺进。事实上，马尼拉仍处于日军的重兵防守之下。

守卫马尼拉的日军由岩渊海军少将指挥，其属下有18000名海军防守部队和4000余名陆军官兵。岩渊拒绝了山下奉文放弃马尼拉的命令，决定死守该城。因此，当美第三十七师2月4日抵达马尼拉市区时，立即陷入了一场血战。与此同时，美第一骑兵师绕过马尼拉东部向南进攻，很快同美第十一空降师由南至北的进攻会合一处，随后这两个师加入了对马尼拉的围攻。

至2月20日，岩渊指挥的日军已被3个师的美军压缩到内城，同山下奉文的日军主力隔断了所有联系。比利比德监狱的美军战俘也已被救出。尽管如此，岩渊仍拒绝投降。考虑到内城70万菲律宾居民的安全，麦克阿瑟禁止盟军使用飞机轰炸日军据点，这更增加了部队进攻的难度。因此，美第三十七师不得不用炮火把日军从一栋栋建筑物中轰出来，进行逐街逐巷的战斗。

3月4日，当岩渊的防御中心因特拉穆罗斯城堡里最后一小股有组织的日军被消灭时，马尼拉古老的内城已变成一片废墟。日军守城部队除数百人被俘外，皆丧命于马尼拉的残垣断壁之中。在马尼拉激战期间，美第十一军继续进行占领巴丹半岛和清除马尼拉湾口处日军的任务。其下辖的第三十八和第三十四师受命在半岛的两侧同时推进。2月18日，第三十八师占领了东部海岸。21日，第三十四师攻占了西海岸的最后两个据点。

至此，巴丹半岛全部解放。此间，第十一军的另一个重要目标是被称之为“东方直布罗陀”的科雷希多要塞。2月16日，在猛烈的空袭和炮击之后，第五零三空降步兵团首先对该岛西部的高尔夫球场进行了空降突击。随后，第三十八师一部从巴丹向该岛发动了一次两栖攻击。在粉碎日军的顽强抵抗后，这座要塞于27日被盟军攻破。日本守军大部被埋葬在炸塌的马林塔山隧道中。此战日军亡4400余人，被俘19人；美军亡约210人，伤725人。

自3月15日起，美第六集团军向吕宋岛的残余日军发动了最后的清剿。

第一军受命向吕宋岛东北方向的碧瑶和卡加延山谷进军，第十一军受命清除马尼拉东北部的马德雷山区的日军，第十四军受命夺取内湖和塔亚巴斯诸省。尽管盟军占据兵力优势和制空权，但由于地形复杂，山下的50000名残余日军一直抵抗至战争结束才放下武器。

整个吕宋岛战役，美军亡7900余人，伤33000余人；日军亡19.2万人，被俘7700余人。美军之所以能以1：24的较低死亡率取得这次重大战役的胜利，主要应归功于麦克阿瑟的有效指挥和盟军的海空优势。

胜利反攻

第二次世界大战的结局

中国抗日战争局势

1943年以后，世界反法西斯战争的形势发生了重大变化，同盟国军队在太平洋、北非、苏德战场相继取得了一系列重大胜利。在中国，敌后战场渡过了相持阶段的困难时期，并在局部地区转入攻势作战。另外，由于日本被迫放弃了拟定中的大规模进攻，中国正面战场也开始制定反攻计划，准备在滇西、缅北方面实施旨在打破日军战略包围的反攻作战。

八路军在华北攻城略地

1944年1月1日，中共中央北方局确定1944年全华北的工作方针是：

团结全华北人民的力量，克服一切困难，坚持华北抗战，坚持抗日根据地，积蓄力量，准备反攻，迎接胜利。

1944年4月起，日军华北方面军以相当大的兵力参加打通大陆交通线的作战。日军为迅速补充兵力，在8月份以独立混成第七旅、独立步兵第三、第四、第九旅为基干，分别改编成第一一五、第一一四、第一一七、第一一八丙种师，将第一一五、第一一七师编入第十二集团军，第一一四师编入第一集团军，第一一八师编入驻蒙军。

八路军山东军区集中7个团的兵力，于3月25日发动了讨伐伪军吴化文部的战役。吴部盘踞在鲁山南麓之鲁村、南麻、悦庄及其周围地区。

战至4月20日，八路军歼灭日伪军7000余人，攻克据点50余处。吴化文率残部退缩鲁村一带，八路军控制了鲁山大部地区，打通了沂山、鲁山、泰山、蒙山各山区抗日根据地的联系。

5月，山东军区解放费县以南的圄口山区，结束了鲁南抗日根据地被分割的局面。

8月至10月，山东军区攻克沂水、文登、荣城、乐陵、临邑、南皮县城。

11月中旬，山东军区发动宫县战役。宫县位于滨海、鲁中两区之间，是日军进攻鲁中、滨海两区的重要基地之一。

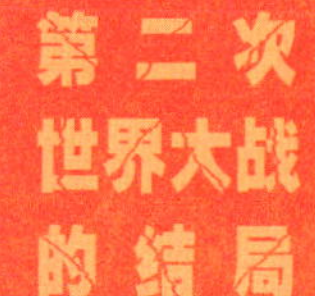

自1944年8月八路军攻克沂水县城及控制沂河两岸大部分地区后，宫县陷入包围之中。该城驻有伪保安大队莫正民部3500余人和日军一个连。莫部经八路军争取，准备反正。

山东军区集中滨海军区第四、第六、第十三团，鲁中军区第一团，山东军区特务团两个营，第一独立营等，共约10000余人，编成攻城、打援两个梯队参战。

11月14日，八路军一举攻入城内，莫正民部反正，并引导八路军攻击日军，最后将日军逼退在两个碉堡内。

16日，诸城日军南下救援，突破八路军的阻击，约800人进入宫县城。八路军为争取主动，撤出县城，在城郊围困日军。

29日夜，日军弃城北窜。此战役，歼日军一部，接应莫正民部3500人反正，扩大根据地7000平方千米，使滨海、鲁中两区连成一片。

1944年，山东军区进行主要战斗共计3514次，其中进攻战斗占73%。攻克与迫退日伪据点1265处，占原有敌伪据点半数以上。主力部队与民兵都比1943年扩大1/3，正规军发展到15万人，民兵游击队发展到37万人。

除此之外，八路军太行军区于2月收复已围困达8个月之久的日军据点蟠龙镇；3月收复榆社县城，拔除临淇等日伪军据点。

1944年4月1日发起水（冶）林（县）战役，14日收复林县县城。

八路军战士（雕像）

入夏，为保卫夏收，太行军区部队围困辽县、陵川，打击出扰之日伪，攻击新乡、辉县地区，并出击平汉铁路西侧日伪第三道封锁线邢（台）沙（河）段、临（城）内（丘）段，摧毁其大部，根据地向平汉线平均推进了10千米以上。

4月18日起，华北日军一部南渡黄河进攻豫中、豫西国民党军。

4月22日，毛泽东指示滕代远、邓小平、太岳第四军分区唐天际部必须向垣曲、博爱、孟县地区侦察，乘其后方空虚时，应开辟豫北，以便将来可能时，作为开辟豫西工作的基地。

5月8日，八路军总部指示太行、太岳军区："乘敌主力转走兵力空虚时，应不失时机开辟豫北游击战争，创造游击根据地。"根据毛泽东和八路军总部的指示，太行军区到7月上旬共派出4个支队南下豫北道（口）清（化）铁路南北地区活动。济源、孟县以西的豫北地区，由太岳军区开展工作。太岳军区首先于6月上旬派原第三八六旅第十八团进入济源，继于8月中旬增派基干第二团到豫北。

至9月底，攻占日伪据点13处，迫退日伪据点15处；促使伪军1100余人反正，改编为两个支队；解放人口10万以上，建立6个区政权，开辟了东起坡头镇、西至垣曲城附近长75千米，纵深约35千米的地区，同时控制了黄河芮村、寥坞等渡口，为八路军南渡黄河，挺进豫西创造了条件。

与此同时，八路军冀鲁豫军区于5月11至17日进行昆（山）张（秋）战役，拔除靳口、张秋等日伪军碉堡、据点50余处，消灭伪军1200余人。同月，解放清丰县城。8月发起讨伐郓城伪军刘本功部战役。郓城是日伪在旧黄河以南、运河以西的中心据点，伪军刘本功部长期盘踞于此，另驻有日军一个营。敌人沿黄河大堤一线构筑封锁线，阻止八路军向东发展。

8月5日夜至11日，八路军以主力4个团和地方武装、民兵一部进入郓城地区作战，攻克日伪据点37处，毙、伤、俘伪军2600余人，摧毁了刘本功部的黄河大堤封锁线，使抗日根据地向南扩展20千米以上。

1944年冬，冀鲁豫军区集中主力兵团大部整训，以主力一部和地方武

装、民兵展开冬季攻势，攻克县城两座、据点10余处。

1944年，冀鲁豫军区共作战3604次，攻克据点、碉堡395处，毙伤日伪军16000余人，俘日军27人，俘伪军33000余人，新收复清丰、内黄、朝城、宰县、寿张、邱县、淮阳等7座县城，连同过去已有的淄县、范县、观城3县，共占有10个完整县。

八路军除在以上地区有较大发展外，晋察冀军区的态势也非常喜人。八路军晋察冀军区之北岳区、冀中区、冀热边区部队，1944年一方面巩固根据地的基本区，一方面积极向游击区和敌占区伸展，扩大根据地。

北岳区部队1月至5月主动出击，攻克日伪军据点350余处，并先后进攻忻口车站和定襄车站。6月，部队向敌纵深地区发动攻势，连袭保定、望都、完县、涞源、灵丘等城，并于6月6日再次进攻定襄。

与此同时，察南部队越过桑干河，在深井堡以西地区建立了游击根据地。雁北部队开辟了桑干河以北部分地区。平北部队开辟了张家口东北崇礼县的大部地区。

在秋季攻势中，北岳区部队于七八月间攻克平山以西口舍区日伪军据点14处，对日伪建立的冀晋封锁线、唐县至曲阳间封锁线进行了破袭。在平北活动的平北支队逼近北平近郊，攻克高丽营，收复香堂、八家、半壁店，进攻十三陵之长陵据点。9月，粉碎了日军对平北大海陀地区的“扫荡”。

坚持冀中区的部队，1月上旬至2月上旬，先后拔除肃宁东北朱家庄等据点40余处，进攻肃宁、安新县城。接着，又在赵县东北和安国、定县地区对敌发动攻势，连克大马圈、西伯章等据点40余处，并一度攻击赵县城，开辟了赵（县）元（氏）宁（晋）地区。5月，冀中部队乘任丘日军撤走，包围任丘，在政治攻势和内线关系配合下，迫使伪军500余人投诚，一度收复任丘县城，同时再度攻克肃宁县城。

6月，为打击抢粮之敌，冀中部队在大城、深县、莱城、赵县、宁县地区展开攻势，攻克日伪据点40余处，使日军抢粮计划未能完全实现。

在秋冬季攻势中，冀中部队攻克肃宁、武强两县城，攻入深泽、安平、

献县、饶阳等县城，恢复了适城、无极地区，长途奔袭了北平西南长辛店车站，并一度攻入保定西关和天津市区。

1944年秋季，中共冀热边特委确定采取以恢复蓟县基本区等地为重点，同时向北平、天津郊区和长城以外敌占区发展的方针，对敌展开攻势作战。

8月下旬，担任恢复蓟县的部队，攻克太平庄、新庄子、三岔口等21处据点，收复蓟县、平谷、三河之间的大片地区。向平津郊区发展的部队，开辟了三河、通县公路以南和武清、宝坻、宁河三角地区，与冀中进入武清的部队会合。晋察冀军区在1944年一年中，共歼灭日伪军45000余人，攻克和逼退敌据点、碉堡1600余处，解放人口758万。

此外，八路军晋绥军区在1944年1月至8月上旬，先后拔除头马营、蒲格寨、孝子渠、津良庄等58处据点。

8月中旬，根据军委指示，晋绥军区全面展开秋季攻势，武装保卫秋收，至9月底，相继攻克汾阳之岩头、协和堡，宁武之杨家林、坝上、李家山、榆树坪，静乐之娄烦、东马坊、东六渡、利润，三交之五元城、东社，文水之信贤、西社，五寨之风子头，方山之马坊、峪口等，解放人口50000余。

秋季攻势中最大的一次战斗，是9月14至16日第八军分区进行的汾阳战斗。汾阳是日军楔入山西西部的重要交通线汾离公路上的重要战略据点，城内驻有日伪军700余人，其周围罗城、协和堡等据点驻有日伪军500余人。

经过3天战斗，八路军烧毁了汾阳城外围据点火柴公司的岗楼，破坏了火车站、飞机场、电灯公司的重要设备，全歼协和堡据点日伪军。

当时前来晋西北参观访问的外国记者哈里逊·福尔曼、伊斯雷尔·爱泼斯坦、美军观察组军医卡斯堡少校都亲眼目睹了汾阳战斗的过程，深受感动，表示要把看到的真实情况报道给全世界。

1944年，晋绥军区军民共收复敌伪据点92处，收复村庄3108个，67000余户，37万余人，扩大面积2.4万余平方千米。全年中，斗争形势是不断向敌军发起进攻，特别是群众游击战争有显著的发展。

新四军在华中袭扰顽敌

1944年，华中敌后战场形势发生重大变化，从1943年的最困难时期进入恢复和再发展的新时期。这一年，日军从华中抽调原有大部分老部队参加打通大陆交通线作战和投入太平洋战场，临时新编独立步兵旅和野战补充队之类的部队接替华中占领区的警备，华中日军数量1943年年底约21万人，1944年减少到约17万人。人员减少，兵员素质下降，特别是日军已处于全面崩溃的前夜，士气大大下降。

日军为弥补自身兵力不足，进一步加强对伪军的控制和掌握，积极调整和编组伪军，强化其战斗力，并调离其原属地区，使其逐渐脱离地方性。如日军于1943年12月24日将李长江的第一集团军番号撤销，李长江调任伪“参议院副院长”，所属部队改为第五集团军，由项致庄任总司令。

1944年年底又将项致庄部调浙江，将在华北冀鲁豫边区的伪第二方面军孙良诚部调苏中、苏北接防。伪军数量由1943年的20万人增至35万人。

日伪军对华中敌后抗日根据地继续进行“扫荡”、“清乡”、“治安肃正”，在沿海继续推行“屯垦”计划。

1944年，日伪军对抗日根据地“扫荡”仍较频繁，但每次“扫荡”的兵力均较小，时间也不长。1944年2月，中共苏中区党委决定发动车桥战役，夺取淮安、阜宁、宝应三县交界的淮宝地区，作为后方阵地。车桥驻有日军80人，伪军500余人。苏中军区集中5个团组成3个纵队，以一个纵队攻车桥，两个纵队打援，以保证夺取车桥。

3月5日凌晨1时50分，战役开始，攻坚部队一举突入车桥镇内。至当日晚

上，攻克碉堡33个，将伪军全歼，日军残部退守一独立瓦房继续顽抗。

当日黄昏起，日军援军逐批赶到，新四军阻援部队将头三批援敌共500余人大部歼灭，后因援敌越聚越多，加之部队经一天两夜苦战，过于疲劳，乃于6日拂晓前安全转移。

6日晨，大批日军进占车桥，但慑于新四军声威，于7日放弃车桥，撤回淮安，尔后又放弃车桥周围的一些据点。

从8日至13日，新四军又收复和逼退曹甸、径口、塔儿头、张家桥等日伪据点12处。

此役，共歼灭日军上校以下460余人和伪军500余人，淮安、宝应以东纵横百余里全部解放，进一步沟通了苏中与苏北、淮北、淮南的联系。

新四军战士（塑像）

一个月后，苏中区党委、行署、军区由东台县东南三仓一带移驻车桥附近宝应县的固津一带。

接着，新四军苏北军区淮海军分区于1至3月发动春季攻势，攻克日伪据点30余处。

4月19日，苏北军区集中淮海军分区第十旅主力和第七旅一部，发起高（沟）杨（口）战役。高沟、杨口是灌云、新安镇之敌伸向西南的主要据点，高沟位于新安镇西南20千米处，杨口在高沟西北5

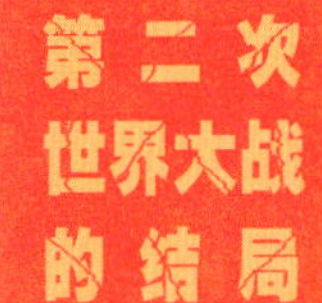

千米处。这里由伪军2000余人固守，控制盐河、前后六塘河，割裂了淮海军分区与盐阜军分区的联系。

苏中军区采取各个歼敌的战法，经16天血战，于4月25日、5月4日先后攻克高沟、杨口坚固据点，附近10余处伪据点也被攻克。

此役，共歼灭日伪2000余人，收复了六塘河两岸地区，使淮海、盐阜两区完全连成一片，改善了苏北抗日斗争局面。

9月，宿迁日军一部88人、伪军90余人，南下到泗阳县城西北20千米处、运河南岸的林公渡村建立据点。

淮海军区当即集中主力第一、第二、第四支队于9月7日晚发起攻击，经一夜激战，于拂晓前拔除林公渡据点，击毙日军连长以下66人，俘日军5人，毙伤俘伪军90余人，粉碎了日伪军确保运河交通联系、隔断新四军苏北、淮北两区联系的企图。

此后，新四军淮北军区部队从3月16日开始发起攻势作战，持续50天，至5月5日，共拔除据点46处，破坏并控制宿（县）灵（璧）公路之大店集至灵璧段及泗（县）宿（迁）公路，泗县、灵璧外围除前后张楼外，其余据点几乎全被扫清。邳（县）睢（宁）铜（山）区除运河沿线、陇海铁路、海郑公路及眼宁城北之魏集、车甸外，已无敌踪。

从6月上旬起，淮北军区部队再次发起攻势，先后拔除张楼外围朱场、三周家等据点。

7月5日起，强攻前后张楼，至11日将其攻克，使泗县北部地区获得解放。

淮南军区，从1943年下半年直至抗战胜利的1945年，主力一直集中在津浦路西，采取北攻南防的方针坚持斗争，津浦路东则主要由地方武装坚持。

津浦路东军分区之盱嘉支队，于1944年1月24日夜袭入盱眙县城，一举歼灭伪县政府、伪警察局，消灭伪保安队一部，共歼敌200余人，缴枪120支，自己却未伤一兵一卒。

2月，浦六工委武工队夜袭六合县瓜埠镇伪区公所及伪军，歼俘伪区长以下200余人。

12月22日，六支队在六合县城北之羊山头伏击开赴程驾桥换防的日军一个班和伪首都第三师一个营，毙伤日伪军120余人，俘伪营长以下200余人，受到新四军军部通令嘉奖。

1944年上半年，鄂豫边区由于片面强调“以巩固为中心”，“减少战斗频繁”，作战决定权集中于高级机关，因而错过一些有利战机，使抗日根据地军事斗争一度出现被动局面。1944年下半年，边区部队加强了对敌斗争，形势好转。

第三军分区于8月围攻日伪军新设立的监利县汪家桥据点，迫其逃走，9月5日，在西阳之管家棚俘获伪定国军副军长汪步青、参谋长张维春等20余人，并于同月在潜西边歼灭伪军刘明辉部。

1944年，华中敌后战场军民，共歼敌50000余人，解放国土7400余平方千米，人口160余万，基本上制止了日伪军对根据地的进攻，沟通了津浦路东各根据地的联系，各地斗争局面得到进一步改善。

华南抗日游击队的战场攻势

在广东，最大的一支游击队活跃在东江地区。1943年12月2日，根据中共中央指示，战斗在东江地区的广东人民抗日游击总队改称为广东人民抗日游击队东江纵队。曾生任司令员，林平任政治委员。

日军为了发挥广州和香港两个中转站的作用，于1943年11月中旬发动攻势，打通了广九铁路。东江纵队成立后，继续向广九铁路及其两侧的日军出击。1944年1月，进击了广九路的常平车站，歼灭伪军一个连，尔后又连续进攻了东莞、安步、横沥、宝安等地及平湖车站。

2月，攻击了广九铁路林村车站日军的物资搜集队，2月13日奔袭宝太公路上的霄边，全歼伪军一个重机枪连。3月，攻击了广九铁路上的石滩。

4月中旬，在港九地区全面出击，先后在大埔、元望之间和吉拗地区打击日军，并袭入九龙市区，炸毁铁路大桥。日军遭打击后，图谋报复。

5月7日，驻广九铁路樟木头车站的日伪军远道奔袭东江纵队领导机关驻地东莞梅塘，东江纵队经激战毙伤日伪军100余人，迫使日伪军撤退。

1944年夏，日军进攻湖南。

7月25日，中共中央在致广东军政委员会与广东临时工作委员会的指示中指出：

> 敌阁虽更迭，但对打通粤汉路仍势在必行，你处工作应一本开展敌后游击战争之方针加紧进行。

凡敌向北侵占之区，只要其有久占意图，即应由你处派出得力干部或武装小队至该区与当地党员取得联系，尽力发展抗敌武装斗争……同时敌向北行动，三角洲及其以西地区亦有可能扩大我现有武装。希望广东我党武装能扩大一倍，并提高战斗力。

在广九市上的武装斗争有成绩，但不宜常做，以免引起敌人对我过多报复和进攻，并妨碍我城市秘密和抢救工作。

同时，还指示与琼崖、潮梅闽西南沟通联系等。

为了贯彻中共中央这一指示，1944年8月，中共广东临委和军政委员会在大鹏半岛的土洋村召开联席会议。会议决定：

在巩固现有各抗日游击区和根据地的同时，东江纵队应创立罗浮山以北、翁源以南、东江、北江之间的抗日根据地，并向东江、韩江之间伸展，然后准备向闽粤边、粤赣湘边、粤桂湘边开展工作。中区部队则首先求得普遍发展，然后向西江、粤桂边及南路前进。东江纵队和中区部队要互相配合，取得对广州的包围形势，将来会合于粤桂湘边。要大力发展武装，至1945年上半年，东江纵队应扩大4倍，中区部队应扩大6倍。

根据土洋村会议的决定，东江纵队以东莞地区的部队及在增城的部队一部组成北上抗日先遣队，向粤北挺进，其主要任务是弄清敌人的动向，采取敌进我进方针，相机进入北江。

该部由东莞出发，经博罗、从化等地北进，沿途打击日伪，截击日军进攻广西的后续部队，一度解放清远县城。后决定退回增城。

1944年9月至10月，东江纵队对部队进行整编，建立支队编制，将部队整编为第一、第二、第三支队，独立第一、第二、第三、第四大队，以及北上抗日先遣队，以后又陆续组建了第四、第七支队、北江支队和西北支队。

在东江纵队获得大发展的同时，广东其他地区的抗日游击队也有很大的发展。战斗在珠江三角洲的人民抗日武装，在1943年2月挺进中山县五桂山区后，积极向日伪军出击，在战斗中壮大了部队，巩固和发展了五桂山抗日根据地。1944年10月1日，根据中共广东临委和军政委员会的决定，宣布成立广东人民抗日游击队中区纵队。

10月中旬，中区纵队主力400余人在林锵云、罗范群率领下，越过日、伪、国民党统治区，于新会荷塘西渡西江，抵达新会五区，与中共中区地下党领导的游击队会合，开辟粤中敌后抗日根据地。

11月，在鹤山县靖村公开宣布成立广东人民抗日解放军。珠江三角洲部队主力随司令部西进后，中山留下的力量比较薄弱，五桂山周围只剩下主力50余人。后将已挺进粤中的林锵云、谢斌调近珠江三角洲，于12月5日，在中山县五桂山公开宣布成立广东人民抗日游击队珠江纵队。

广东抗日游击队使用过的物品

1944年春，中共琼崖特委根据中共中央的指示，将独立总队改编为广东省琼崖人民抗日游击独立纵队，下辖第一、第四支队，共4000余人。

这时，第一支队活动于琼东北琼山、文昌、澄迈等县，第二支队活动于琼西南昌江、感恩地区，第三支队活动于琼东南乐会、万宁等县，第四支队活动于儋县、临高等县，积极打击日伪。

第一支队在澄迈县的福山至花场、永新至新桥公路和才坡等地伏击敌人，进击敌据点。第二支队进击了抱板、东号、港门等日伪据点。第三支队在万宁的南桥、六弓等地伏击日伪，并袭入小南据点。第四支队在信县东城乡南眼村一带击溃了国民党顽军的进犯。除五指山中心区外，琼崖各地都有琼崖纵队的活动。

1943年8月4日，白沙县黎族人民因不堪忍受国民党的压榨和蹂躏，在王国兴、王玉锦等领导下，揭竿起义。在近一个月的时间里，起义风暴席卷整个五指山区。起义遭镇压后，黎族人民派人跋山涉水，历尽艰辛，于1944年春在澄迈县找到琼崖纵队，要求琼崖纵队进军白沙县，解救黎族、苗族同胞。琼崖特委确认开辟五指山中心根据地的条件已臻成熟，立即把这项工作提到重要的议事日程上来。

琼崖纵队派工作组进入五指山区开展工作，帮助成立白(沙)保(亭)乐(东)人民解放团，并派第四支队第一、第二大队进入白沙县的阜青、龙头乡，建立阜龙乡文头山根据地；派第二支队第一大队等进入那繁村、来苗村一带，配合地方党组建了县政府。

1944年秋，琼崖特委和琼崖纵队领导机关向白沙县阜龙乡转移，进一步推进了建立五指山抗日根据地的进程。

中原敌后战场贯通南北

1944年4月18日，侵华日军开始实施打通大陆交通线作战的第一步——平汉作战，5月9日打通了平汉铁路，5月25日攻占河南省政府、第一战区司令长官部所在地洛阳，河南大片国土沦入敌手。5月27日，日军开始实施湘桂作战，向湖南发动大规模进攻，战事重心南移。

根据中共中央的指示，北方局和八路军总部决定以太行军区第三团、新编的第三十五团和豫西地方工作队共1500余人，组成八路军豫西抗日独立支队首先挺进豫西，开展抗日游击战争；以太岳军区第十八、第五十九团等部组成豫西抗日游击支队随后南下。

第一支队在司令员皮定均、政治委员徐子荣率领下，于9月6日由林县出发，22日由济源西南之寥坞渡口渡过黄河，从新安以西越过陇海铁路，进入豫西嵩山、箕山、宜阳东赵堡、临汝大峪店及登封以南的东、西白栗坪地区。

第二支队在司令员韩钧、政治委员刘聚奎率领下，于1944年11月6日渡过黄河，进入陇海铁路新安至渑池段南北地区活动。

12月底，中共中央党校干部100余人、晋绥军区第六支队3个连，奉命来到新安以北之园山与第二支队会合。

中共中央接着决定，以驻陕甘宁边区的第三八五旅第七七零团和警备第一旅第二团，组成豫西抗日游击第三、第四支队，共约2200人，由王树声、戴季英率领，挺进豫西。

该部于1944年11月28日跨过黄河，进入豫西。1945年2月底，正式成立

河南军区，直属中央军委领导。王树声任军区司令员，戴季英任政治委员，统一领导豫西的抗日斗争。

1945年3月下旬，太行军区根据中央指示，又以第十三团主力为骨干组成第六支队，进入豫西。至此，八路军在豫西的部队增加到10000余人。

1944年6月，冀鲁豫分局、军区遵照中共中央和北方局关于加强水东、开辟水西，扩大豫东抗日根据地的指示，抽调300余人南下水东。1945年1月，又调第八团开赴水东，随后划水东为第十二军分区。

5月14日，第二十八团从扶沟东北的吕潭渡过新黄河，进入水西。

6月20日，冀鲁豫军区为统一水东、水西区领导，决定成立豫东指挥部，调第十五团加强水东，将第二十九团调水西，随后成立水西军分区。

1944年8月15日，新四军第四师师长彭雪枫率师主力从泗洪县东南的半城集等地出发西进，20日在宿县以北越过津浦铁路进入萧县以南地区。

国民党军极力阻止新四军西进，新四军进行反击，师长彭雪枫于9月11日在河南省夏邑以东八里庄战斗中英勇牺牲。

八路军太行山纪念馆雕像

10月，新四军第四师在第三师第七旅及八路军冀鲁豫军区3个团的协助下反击，将国民党顽军赶回涡阳县城。

11月，新四军第四师又开辟了商丘、亳县、永城之间地区，至此，基本上恢复了豫皖苏边抗日根据地。

鄂豫边区党委和新四军第五师决定，以1000余人组成豫南游击兵团，以黄林为兵团指挥部指挥长，向豫南敌后进军。

1944年7月29日，豫南游击兵团先遣队从罗山西北的陡沟以西北渡淮河，进入确山、正阳、信阳三县边界地区，以胡冲店为中心开展工作。

8月中下旬，转至正阳西南的张仪店一带分散游击。8月29日，豫南游击兵团指挥部率主力夜渡淮河北上，再次进占胡家冲，随后将进入豫南的部队扩编为挺进第一团至第四团。

11月，鄂豫边区党委决定将豫南游击兵团改称为河南挺进兵团，并增派第三十八团到豫南。

1945年4月间，边区党委和第五师决定，以淮南、信罗、信应、信随等县成立第六军分区。不久又以豫南之信确、信桐、泌阳等县成立第四军分区。此外，以挺进第二、第四团组成豫中兵团，黄林任司令员，栗在山任政治委员，活动于西平、遂平、叶方舞等县。

8月上旬，豫中兵团与河南军区陈先瑞支队合并，成立河南军区豫中军分区。发展河南，是中共中央统一部署的战略任务。经过八路军、新四军的共同努力，开辟了豫西，发展了豫南，扩大了豫东，恢复了豫皖苏边抗日根据地，进一步打通了它与华中的联系，基本上达到了“绾毂中原”的战略目的。

华东敌后战场 攻势强劲

日军为了确保京、沪、杭三角地带，防止美军在浙江沿海登陆，谋求沿海海上交通和舰艇基地的安全，于1944年8至10月实施浙东作战，占领丽水、温州、福州。9月27日，中共中央指示华中局：

我军为了准备反攻，造成配合盟军条件，对苏浙皖地区工作应有新发展的部署，特别是浙江工作应视为主要发展方向。

根据中共中央的指示，华中局确定由长江以北抽调部队分批南下。

新四军第一批南下部队——第一师第七团、特务第一团、特务第四团等3个团8000余人，在第一师师长粟裕率领下，于1944年12月27日分东、西两路渡江南下，1945年1月6日于浙江长兴地区与第十六旅会合。1月13日成立苏浙军区，军区司令部驻长兴西北的仰峰。随即对部队进行整编，以第十六旅为第一纵队；以浙东游击纵队为第二纵队；以苏中首批南下部队为第三纵队。同时确定了进军部署：决定以第一纵队进至安吉、递铺以东，余杭以北，控制天目山东北侧莫干山和杭嘉湖地区；以第三纵队两个支队进至誓节度、广德、泗安公路以南配合第一纵队行动，一个支队在广德、泗安公路南北地区掩护后方交通。

第二纵队除继续巩固四明山山区外，逐步向西发展，策应主力南进作战。2月12日，第一纵队向莫干山地区挺进，沿途打击日伪军，粉碎了安吉、梅溪等地日伪军的出扰，占领了杭州西北的递铺、三桥埠之线，控制了武

康、德清两城，全部进入莫干山区。

这时，国民党第三战区以5个团的兵力，在苏浙皖挺进军总司令陶广指挥下，由天目山、孝丰地区向新四军第三纵队发动进攻，企图切断第一纵队后路，进而消灭南下的新四军。苏浙军区部队被迫进行两次天目山自卫反击战，击退了国民党顽军的进攻，控制了东、西天目山和临安县城。4月，苏中两个团南渡长江，4月26日，与苏浙军区领导机关在孝丰东南吴家道会合。

在1944年局部反攻中，敌后战场人民抗日武装取得了重大胜利。据不完全统计，在这一年里，八路军、新四军和华南人民抗日游击队共进行大小战斗20000余次，毙伤日伪军22万余人，俘虏日伪军60000余人，争取日伪军将近30000人反正，缴获各种火炮百余门、轻重机枪1200挺、步枪80000余支，收复县城16座，攻入县城47座，攻克据点碉堡5000余处，收复国土80000余平方千米，解放人口1200万。

陈毅、粟裕（雕塑）

正面战场的豫湘桂柳战役

在中国正面战场，由于日军在太平洋战场连遭惨败，便急欲在大陆打通一条交通线——打通平汉线、奥汉线、湘桂线，从朝鲜的釜山经中国、越南、泰国、马来西亚到新加坡，贯通全部铁路。

日本大本营几经磋商，决定以中国派遣军发动大攻势，攻占平汉铁路中段、奥汉铁路中段及湘桂铁路。

河南属第一战区作战范围。平汉铁路纵贯河南南北。郑州北面原有平汉铁路黄河大铁桥，为阻止日军南渡黄河，1938年2月，中国军队将其炸毁。

1938年6月9日，黄河花园口决堤，自此豫西、豫南中国军队北隔黄河、东隔新黄河泛区与日军对峙。

1941年10月，日军华北方面军为策应驻武汉地区日军第十一集团军进行第二次长沙作战，南渡黄河，在郑州西北的霸王城附近建立桥头堡死守。中国军队未能将其拔除，以至遗患无穷，成为日军1944年打通平汉线的重要出发地。

日军华北方面军接受平汉作战任务后，积极备战，并充实巩固了此地的桥头堡。特别是日本关东军运来架桥材料，不惜一切代价抢修黄河铁桥，黄河铁桥中断6年之后于1944年3月25日修复。

日军华北方面军以第十二集团军为平汉作战的主力，考虑到第十二集团军司令部缺少指挥大规模进攻作战的经验，因此决定由方面军司令部亲自指挥。

4月18日凌晨，东面日军第三十七师、独立混成第七旅由中牟渡河，经

河防部队猛烈阻击，至19日，突破第二十八集团军暂编第十五军阵地后，分别向尉氏、洧川、新郑、郑州等地突进，其主力指向密县，与第二十八集团军第八十五军展开战斗。

19日晨，北面日军第十二集团军主力第六十二、第一一零师、独立步兵第九旅，由黄河铁桥跨过黄河，继而向第八十五军进攻。21日突破河防阵地，分别攻占广武、汜水。

22日攻占荥阳，并以一部协同由中牟西犯之日军会攻密县。密县守军第八十五军第二十三师从4月19日至23日夜，血战5昼夜，给日军沉重打击，尔后撤至密县西南。

日军第二线兵团于4月20日夜开始通过黄河铁桥，集结于黄河南岸。中美空军多次轰炸黄河铁桥，但未能将其摧毁。

4月26日起，中国第一战区副司令长官汤恩伯率部向日军反攻。暂编第二十三旅袭占尉氏，第十三、第二十九两军攻击密县日军第一一零师。密县是日军向西迂回的重要屏障，日军拼死抵抗，汤兵团久攻不下，乃以第十三军监视密县。

4月28日，日军开始第二阶段作战，主力由新郑东西一线分途南下。

5月1日，日军攻占许昌，许昌守军新二十九师师长公方良中将牺牲。同日上午8时30分，日军第十二集团军下令主力立即由许昌附近西进，围歼中国第十三军；一部南下打通平汉线。日军于5月8日打通了平汉线。

5月1日夜，日军大举西进。

3日攻占禹县、郏县，4日攻占襄城、临汝、大安，完成了对汤恩伯兵团的包围，奉命在郏县—临汝—大安一线堵击中国军队的日军坦克第三师，企图占领洛阳。

5月4日下午，以师主力向洛阳以南的龙门进攻，致使日军包围圈出现漏洞，汤恩伯兵团乘机冲出重围。

日军坦克第三师进攻龙门，洛阳吃紧。蒋鼎文调兵遣将，巩固龙门、洛阳，并令汤兵团的第十三、第八十五军配合尾击夹击日军。

还在5月3日，蒋鼎文就命令第十四军以第九十四师守洛阳，主力在洛阳以南龙门—伊川一线布防。

4日中午，蒋鼎文又命令第十四军、第四军，归第十四集团军副总司令刘勘统一指挥，阻敌北犯龙门。

7日，蒋鼎文率长官部撤出洛阳，将洛阳守城任务交第十五军军长武庭麟指挥的第十五军第九十四师担任。蒋介石鉴于汤恩伯兵团溃败，担心第一战区彻底崩溃，于5月8日严令死守战区中心洛阳10天至15天。

为围歼洛阳地区守军，日军华北方面军将第六十三师第六十七旅、独立步兵第九旅、第十二集团军野战补充队组成菊兵团，由郑州沿陇海铁路西进，任务是穿插至洛阳以西，封锁洛阳。

以驻山西的日军第一集团军的12个步兵营为基干组成天兵团，由第六十九师师长三浦忠次郎指挥。5月9日晚上由垣曲、白狼、河堤南渡黄河，继而在新安以西切断陇海铁路。

中国军队缴获的日军武器、衣物

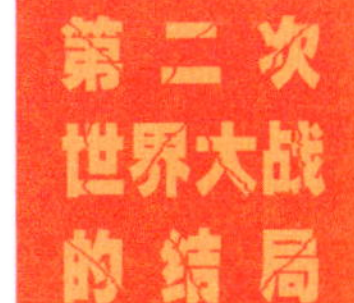

5月13日，洛阳守军陷于重围。洛阳城防战斗始于5月9日，第十五军和第十四军第九十四师殊死血战，予日军重大杀伤。

5月24日晨，日军空投劝降书，广播喊话，限守军于5月24日中午12时投降，否则立即攻城。守军抱定死战决心，不加理睬。24日中午12时，日军开始总攻。

日军飞机27架、大炮100余门，首先向洛阳老城狂轰滥炸，环城工事均被摧毁，兵员武器大部分同归于尽。

下午15时，日军坦克40余辆由东北、西北城角突入。至下午17时，侵入日军万余人，坦克50余辆，驱驰街巷，无法遏止，守军指挥联络全部隔断，全城陷入混战。

黄昏后，武庭麟以弹尽粮绝，无力再战，不得已做紧急处置，命令各部队取捷径夺路突围。晚上，守军由洛阳东南角突出重围。守城期间，军官伤亡530人，士兵伤亡13000余人。洛阳守军孤军奋战16昼夜，牵制日军大量兵力，为战区其他部队后撤创造了条件。

第一战区第四、第三十六、第三十九集团军、刘勘兵团，5月18日由渑池以南小镇翟涯向豫西伏牛山区后撤时，第三十六集团军总司令李家钰主动率本部人马断后，21日遭日军伏击，李家钰当场阵亡。日军攻占洛阳后，平汉作战大体结束。

5月28日，第六十三师部队返回北平。5月底至6月初，日军中国派遣军命令第三十七师、坦克第三师赶赴武汉地区，参加正在进行的湘桂作战。

就在日军攻占洛阳的同一天，即1944年5月25日，日军中国派遣军总司令官畑俊六上将，按计划将前进司令部移到汉口，指导湘桂会战。这时，日军第十一集团军各部也在岳阳附近集结完毕。

日军计划首先以第十一集团军夺取长沙、衡阳，为进攻桂林、柳州做好准备。

中国称这一时期的作战为长衡会战。

5月27日，日军第十一集团军在100多千米的正面上发动攻势，进展迅

速，6月18日攻占长沙，并向衡阳进犯。

中国第九战区预定在渌水、涟水以北地区与日军决战的计划被迫放弃。

为了阻止日军深入，保卫衡阳，中国国民政府军事委员会在6月20日命令第九战区以一部在原口、衡山之间持久抵抗，主力由醴陵、浏阳向西，由宁乡、益阳向东，夹击深入之敌而歼灭之；以第十军固守衡阳；从第七战区开来的第六十二军仍归军事委员会直辖，控制在衡阳西南地区待命。

第九战区在正面兵力配置薄弱，加之日军来势凶猛，避实击虚，钻隙突进，往往以便衣队为前驱，少者10余人，多者百余人，随处扰袭，使中国军队处处顾虑。

至6月23日，日军进抵衡阳近郊，并东犯攸县，西陷湘乡，牵制第九战区外围部队，衡阳守军从此陷于包围。此时衡阳守军是第十军和第五十四师一部，共约18000人。

28日拂晓，日军第六十八、第一一六师、第五十八师志摩支队对衡阳发动第一次总攻。守军第十军士气高昂，防御异常坚固，且炮火占优势，打退了日军一次又一次冲锋。

上午9时30分左右，第十军迫击炮击中日军第六十八师指挥所，日军第六十八师师长佐久间为人及该师参谋长、主任参谋等均负重伤。

7月2日，日军第十一集团军被迫下令暂停攻击衡阳。

日军第二次总攻前，为破坏守军的生存条件，从7月3日至6日，日军飞机向衡阳投下大量的燃烧弹，衡阳城大火熊熊。

在衡阳红十字医院的千余名重伤员来不及迁走，不幸罹难。第十军屯集的粮弹，也被焚毁不少，所幸大米、食盐埋在地下，得以保存。

7月10日前后，日军赶运大炮、弹药的任务及航空兵部队的准备大体完成。日军第六十八师新任师长堤三村男中将也于7月11日到任。

7月11日，日军将重点指向衡阳西南，发起第二次总攻。

日军占领了一些前沿阵地，但怎么也攻不下衡阳西南的岳屏山，随后陷入僵局。日军第五十八师志摩支队支队长志摩源吉少将又被迫击炮击毙。中

国军队前来解围的第六十二军逼近衡阳城南郊。至此，日军不得不在7月20日结束第二次衡阳攻坚战。

7月11日，日军发动衡阳第二次总攻时，第十军告急。7月12日，军事委员会命令第二十七集团军副总司令李玉堂率第六十二军，立即由衡阳西南迅速猛攻敌背，希望一鼓作气歼灭围攻衡阳之日军。第七十九军应协同第六十二军向衡阳西北郊猛攻，并以第一零零军第六十三师由北向南攻击永丰方面之敌，策应作战。

第六十二军奉令后，前锋立即由洪桥沿湘桂铁路正面展开攻击，主力由祁阳东北跟进。在白鹤铺，日军用枕木构成坚固阵地，拼命死守。

第六十二军军长黄涛感到相持下去，耽误时间，便以一个团监视白鹤铺之敌，主力绕过白鹤铺从湘桂铁路南面攻击前进。

7月15日，第六十二军进至六塘东南，19日乘隙渗透到衡阳西南郊，一部直抵衡阳城南黄茶岭，与衡山守军隔山相望。第十军派部队出来接应，途中遭日军截击，牺牲重大，双方未能联系上。

由西北面前来解围的第七十九军当面敌情严重，进展较缓。第六十二军进抵城郊时，第七十九军尚在蒸水以北，第六十二军腹背受敌，伤亡重大，补给中断，22日撤至铁关铺以南地区。

第六十二军第一五一师副师长余子武在解围战斗中阵亡。待第七十九军一部于7月下旬渡过蒸水进抵衡阳西北郊时，日军得以调集优势兵力反扑。这次解围，由于两个军步调不一，被日军各个击破。

此时衡阳守军已在优势之敌围攻下，苦战一个多月。

7月27日，军事委员会确定增调兵力，再次向围攻衡阳之日军反击，从第四战区调来第四十六军，并调来坦克部队，配合第六十二、第七十九、第一零零军再次解围。

日军为第三次总攻衡阳，其第五航空集团军从8月2日起，不分昼夜地对衡阳狂轰滥炸。日军轻重火炮百余门从8月3日下午起，也夜以继日地作地毯式炮击，一部分野山炮更推进至第十军阵地前百米以内，直接射击侧防阵

地。

8月4日拂晓，日军近5个师，在横山勇亲自指挥下，从四面八方对衡阳城发动第三次总攻。

从6月23日至8月3日，第十军已被围攻42天，预十师伤亡达90％以上，第三师伤亡70％以上，第一九零师尚存官兵约400人；军直属队中除辎重团尚存官兵约500人外，其搜索、特务、工兵、炮兵等营尚存不足1／3；全军步兵团级军官伤亡殆尽。

第三师第八团争夺城南五桂岭，半天之内曾连续晋升5个营长，均先后壮烈殉职，就是这样守住了五桂岭。在夏日炎炎，遍地积尸，满城恶臭，群蝇乱飞的环境中，官兵们英勇顽强地坚守着。

日军第三次总攻中，不顾一切实施波浪式的自杀式冲锋，其攻势之猛、兵力之大、火力之强、持续时间之久，为开战以来所少有。第十军以手榴弹和刺刀浴血死战，寸土必争，将一波又一波日军消灭在阵地前。

8月6日凌晨3时，衡阳城西北演武坪一度被日军突破，日军50多人窜入城内。这是日军首次窜入城内。

7日拂晓，日军第五十八师500多人突破城西北青山街，守军营长、团长相继阵亡，突破口越来越大，双方在城西北展开巷战，其余各阵地同时遭强大日军围攻。

8月8日拂晓，方先觉率领参谋长、4个师长到城南天町主教堂日军第六十八师司令部投降。第十军不愿投降的官兵继续抵抗，直至流尽最后一滴血。

第十军在衡阳保卫战中，孤城喋血47昼夜，伤亡达15000余人，其中阵亡达6000余人。日本投降后，曾指挥衡阳解围的李玉堂在长沙受降，特意集合日军高级将领询问他们进攻衡阳城时伤亡多少人，日军将领一致承认伤亡达48000余人。

日军第十一集团军攻占衡阳后，8月下旬，沿湘桂铁路向西进犯。9月13日晚占领广西北部门户全县，准备进攻桂林、柳州。

8月26日，日军大本营下令组建第六方面军，以冈村宁次为司令官，下辖第十一、第二十三、第三十四集团军。

9月9日，日军第二十三集团军第十四、第二十二师、独立混成第二十二、第二十三旅，在集团军司令官田中久一中将指挥下，分别由广东省清远、江门、新会、开平、台山、雷州半岛北部的遂溪出动，进犯广西。9月22日攻占梧州，28日占领平南、丹竹。

10月11日，日军独立混成第二十三旅占领桂平以及桂平南面的蒙圩。

第四战区司令长官张发奎判断，日军有由桂平继续向武宣、来宾直趋柳州，以钳桂林、柳州守军侧背的企图。如果日军越过武宣、来宾，其危害程度立刻可以波及柳州和黔桂铁路后方的安全。于是，张发奎放弃在荔浦作战的计划，决心将机动部队第四十六、第六十四军由荔浦转用于桂平方面，首先击破桂平之敌，以排除柳州侧背的威胁。

10月21日，桂平战斗开始。中美空军经常保持飞机50架以上支援桂平作战。空军炸毁了日军独立混成第二十三旅的通讯设施，使其与集团军司令部通讯中断将近一周之久。

27日，第六十四军摧毁了蒙圩等日军外围据点，继续向桂平城扩张战果。日军独立混成第二十三旅伤亡十分惨重，弹药告罄，准备突围。

可正在这时，桂林方面的战况对中国军队极度不利，桂林外围阵地被日军突破，日军已到达桂林东郊、平乐、阳朔及桂林南面的永福附近，柳州受到直接威胁。

同时，桂平方面，日军第十四、第二十二师赶来救援，严重威胁攻击部队左翼。据此，张发奎不得不于28日下令停止攻击，第四十六军掩护第六十四军向柳州转移。

桂平反击战完全出乎日军预料之外，打乱了日军第二十三集团军进攻柳州的兵力部署，推迟了它向柳州推进的时间，使第四战区部队后来得以顺利从柳州撤退。

10月26日，日军第六方面军命令第十一集团军对桂林发起攻势。

漓江由南向北流过桂林市东部。桂林城防司令韦云淞、第三十一军军长贺维珍，以第三十一军第一三一师防守桂林城北部及其附近要点，该师组成独立守备队，防守漓江东岸七星岩等要点；以第四十六军之第一七零师防守桂林城南部及其附近各要点。守军总兵力约17500人。

10月28日，日军第十一集团军由北、东、南三面，分路进攻，先将桂林外固守军向西压迫，使桂林守军陷入孤立。

29日起，日军对桂林城四郊全面实施进攻。桂林北面悬崖绝壁，无法攀登；西边叠岭重山，难于攻占；南面地形虽不及西北两面，但阵地构筑巧妙。

日军攻了几天，受重大损伤，守军阵地岿然未动。漓江东岸，独立守备队隔江孤立，较易攻击，于是日军决定以主力占领东岸，再渡河攻击。

11月4日至5日，日军使用窒息性毒气猛攻东岸七星岩阵地，守军800余名官兵，在七星岩石洞内被毒死，阵地被日军占领。

6日，日军利用七星岩作为观测所，整天炮击桂林市区，引起火灾，市内房屋焚毁殆尽。7日，日军由定桂门、中正桥、马王洲三处强渡漓江。定桂门方面，守军火力猛烈，日军渡河失败。8日，由中正桥、马王洲强渡漓江之敌，夺取中正桥桥头堡3座。9日，第一七零师抽调班长组成突击队，将桥头堡夺回。10日下午，韦云淞召开紧急会议，决定由西南角突围。11日，桂林失陷。

日军第十一集团军进攻桂林的同时，违背方面军的作战计划，命令第三、第十三师向柳州进攻。

柳州城原由第六十二军防守，桂平反击战受挫后，该军调武宣、来宾以南阻击日军，乃临时以第二十六军守柳州。第二十六军先头部队11月6日到达柳州，11月7日全部到达。

柳州外围由第三十五集团军、第二十七集团军、第十六集团军各一部防守，第四十六军为总预备队，控制于柳州西侧。

11月4日，桂、柳之间的永福被日军第十一集团军突破。6日，日军第

二十三集团军也进抵柳州外围，在红水河、柳江及柳州、柳城几个方向全线展开激战。张发奎决定放弃柳州，7日，他命令开始破坏柳州的机场和柳州附近的铁道。11日，柳州、桂林同时失陷。

27日，日军第三师占领黔桂交界处的黎明关，闯进贵州省。12月2日上午10时30分，日军攻占独山。这时，由第一、第八战区调来的第二十九、第五十七军赶到战场，在汤恩伯指挥下，向日军反击，12月8日中午攻克独山，陆续将日军逐出贵州省。12日攻占南丹，13日攻占车河，尔后与日军在河池对峙。

日军第十一集团军向贵州进犯时，日军第二十三集团军南下，11月21日攻占宾阳，24日攻占南宁。

此时，日军驻越南的第二十一师北上，12月2日攻占龙州，10日，与由南宁南下的日军第二十三集团军在扶绥一带会合。至此，日军完全打通与南方军联系的陆上交通线。

至1945年1月26日，驻广州日军第二十三集团军与驻衡阳日军第二十集团军相配合，打通了粤汉铁路。2月7日，占领并炸毁了江西省遂川、赣州的中美空军机场。至此，日军完成了作战任务，攻占了预计中的所有目标。

中国远征军缅北反攻作战

1942年5月，中、英联军在缅甸防御作战中失利，英军败退印度，中国远征军大部退回滇西，一部经缅北越野人山进入印度。

6月，日军占领缅甸全境。

为打通中印公路，中国方面按照盟国东南亚战区统帅部提出的关于首先在缅北实施反攻的作战计划，从1943年10月起，正式开始缅北反攻。

1943年10月24日，中国驻印军开始发起反攻，新编第三十八师由缅北野人山区的唐家卡、卡拉卡一线，分三路向缅北的新背洋、于邦一线前进，29日，第一一二团攻克新背洋。

11月6日，第一一二团攻击于邦日军前进阵地，日军固守于邦核心阵地进行顽抗，双方激战至22日夜，日军第十八师以第五十五、第五十六团主力增援于邦，因众寡悬殊，第十一团反被日军包围，陷入苦战。

新编第三十八师以第一一四团及炮兵一营向于邦增援，中国驻印军总指挥史迪威和新编第三十八师师长孙立人亲临前线指挥，在美空军支援下，终于12月28日攻占于邦，日军第五十六团第二营被歼，其余日军向大龙河左岸撤退。

12月28日，驻印军以新编第三十八师为左纵队，向太白家、甘家之线攻击；新编第二十二师第六十五团为右纵队，向大洛攻击。

1944年1月31日，右纵队攻克大洛，日军第五十六团第三营营长冈田少校以下700余人被歼，残部向孟关方面退去。此时，新编第二十二师主力已全部到达战场。左纵队于1944年2月1日攻克太白家。

至此，驻印军两路兵锋直指孟关。

孟关是缅北军事重镇，地处胡康河谷之要冲，日军第十八师在孟关地区集中了第五十五、第五十六团主力，计有7个步兵营、两个山炮营、一个重炮营和一个防坦克炮营，并在孟关及其外围据点构筑了坚固的防御阵地，企图据险固守，作持久抵抗，阻滞中国驻印军的进攻，以掩护其第十五集团军对英帕尔发动的“乌”号作战，并破坏中国驻印军打通中印公路的计划。

3月3日，驻印军总指挥部以美军支队由孟关以东外围迂回向瓦鲁班攻击前进，新编第三十八师主力向东做纵深迂回，先后攻克于卡、拉树卡等孟关日军外围据点，楔入瓦鲁班以南地区，对孟关日军形成纵深包围。

新编第二十二师随即向孟关发起猛攻，日军据险顽抗，激战至3月5日，攻克胡康河谷日军的核心据点孟关。日军第十八师两个团主力大部被歼，仅一部突围向瓦鲁班方向溃退，新编第二十二师当即南下追击，于9日攻克瓦鲁班，15日攻占了高沙坎。

至此，胡康河谷日军已被驻印军肃清。日军第十八师残部退守杰布山隘口，阻止驻印军前进。

3月9日，驻印军攻克瓦鲁班后，史迪威立即下令向杰布山前进。3月中旬，进抵沙杜渣以南之拉班，立即向北攻击杰布山日军的侧背。新编第三十八师主力沿大奈河谷前进，到达大克里后，继续向高利前进，新编第二十二师以第六十六团附坦克两个排，沿公路正面向杰布山隘攻击。经过激烈战斗，逐次击破隘路内日军的抵抗。第六十六团伤亡亦大。

26日，由第六十五团接替，继续攻击。另以第六十六团由公路以东的高山峻岭进击日军的侧背，新编第二十二师在新编第三十八师第十一团策应下，南北夹击，于29日夺取沙杜渣。杰布山隘遂为中国驻印军全部攻占。

至此，中国驻印军打开了通向孟拱河谷的门户，把战线推进到孟拱河谷。

中国驻印军决心于雨季前迅速歼灭当面之日军，即以新编第二十二师附独立坦克第一营沿公路向日军纵深阵地突破，夺取甘马因；以新编第三十八

师由东面向敌后迂回，进行夹击，夺取孟拱。

中国驻印军于4月初开始进军，4月下旬，新编第二十二师进抵英开塘北侧地区，与日军形成对峙。

5月3日，新编第二十二师和独立坦克第一营在36架美军飞机支援下，对驻守英开塘的日军实施猛烈攻击，将日军阵地全部摧毁。4日，攻占英开塘，日军沿公路南逃，退守马拉高。同时，新编第三十八师已先后攻占高利、马兰，于5月初占领曼平。

进入5月，缅北雨季开始。中国驻印军为求迅速打通中印公路，在恶劣的气候条件下，以新编第二十二师主力沿公路向甘马因挺进，于5月下旬攻占了马拉高等日军据点。

此时，由国内空运入印的第五十师之第一四九团已到达战场，驻印军总指挥部遂将该团配属于新编第二十二师。

6月上旬，新编第二十二师主力进抵甘马因附近。新编第三十八师于攻取马兰等日军据点后，其第一一三团于6月9日攻占支遵。

第一一三团在崇山密林中开道前进，向甘马因以南实行纵深迂回，于5月26日渡过孟拱河，秘密迂回到甘马因南面的西汤，突袭守敌，于27日攻占该地，切断了甘马因到孟拱的交通，使甘马因日军陷入包围。

日军调集其第二师第四团一部、第五十三师第一二八团进行增援，先后实行14次反扑，均被击退。

19日，驻印军在重炮和坦克支援下，攻入甘马因，日军第十八师师长田中新一率残部向南溃退。此时中国远征军已开始滇西反攻，进入高黎贡山，正向松山、腾冲攻击。

在攻克甘马因前，驻印军总指挥部为策应中美混合突击支队进攻密支那，即于11日令新编第三十八协同英印军第三十六师第七十七旅奇袭孟拱日军。此时据守孟拱的日军，为第十八师残部及第二、第五十三、第五十六师各一部，总兵力约两个团。新编第三十八师奉命后，即以第一一四团为先头部队，冒雨沿公路东侧之孟拱山秘密急进，并沿途击退日军警戒部队，于6月

15日进抵孟拱东北侧的康堤及其以南地区，一举攻占巴陵林。

第一一三团主力即由支遵南下，协同第一一四团围攻孟拱。第一一二团由西汤南下，肃清孟拱与甘马因之间残敌后，从孟拱西北进行侧击。

6月18日，第一一四团正准备由孟拱东侧向南迂回时，碰到英印军第三十六师第七十七旅遭日军独立混成第二十四旅追击，在孟拱南方约35千米处的南克塘被围。

该旅旅长卡尔弗特准将即派人向第一一四团求援。经电告新编第三十八师师长孙立人，即令第十一团强渡南高江，前往救援英印军第七十七旅，使其转危为安。

孙立人即指挥所部于23日完成对孟拱的包围。24日，攻克孟拱外围各据点，并突入城垣一角。

经两昼夜激战，于25日将孟拱日军大部歼灭，日军残部向密支那及沙貌方向撤退，孟拱城遂为新编第三十八师攻占，并以第一一三团沿孟密铁路东

中国远征军抗日将士纪念碑

进，于28日攻占南堤。

7月5日，中国驻印军新编第一军军长郑洞国、新编第三十八师师长孙立人抵达密支那，直接指挥第三十、第五十师及第十四师一部继续进攻。

7月11日，新编第三十八师和新编第三十师会合，打通了从甘马因经孟拱到密支那的铁路、公路交通。

密支那是缅北重镇，是曼（德勒）密（支那）铁路的终点，中印公路必经之地，同滇西重镇腾冲只有一山之隔，战略地位极为重要。日军自3月上旬瓦鲁班败退后，即加强了对密支那的防守。

此时，驻印军总指挥部为支援中美突击支队袭击密支那作战，决定以新编第三十师第八十九团、第十四师第四十二团，编组为空中突击队，由印度空运密支那参加作战。

从13日起，驻印军重新进行攻击，连战3天，于16日晚迫近市区。

7月17日，中美突击支队第二纵队向密支那西郊机场发起突然攻击，一举夺取机场，掩护空运部队着陆。第八十九团、第四十二团和炮兵部队，相继于18、19两日空运到达密支那。中美突击支队第一纵队正与日军在密支那北侧对峙。

18日，驻印军在强大的空军、炮兵火力支援下，向密支那市区攻击，与日军展开逐巷逐屋的争夺战。

至26日，接近密支那市中心。是日，新编第三十师第九十团空运到达，第五十师第一四九团在攻克孟拱后，迅速赶往密支那。

8月5日，驻印军全部占领密支那，困守密支那的日军大部被歼，残余日军乘竹筏及泅渡沿伊洛瓦底江撤向八莫。

10月10日，中国驻印军总指挥部下达缅北反攻第二阶段作战命令，其部署是：

以英印军第三十六师为右纵队，于10月19日以前肃清和平之敌，占领杰沙、英多地区并确保之，并准备尔后继续推进。

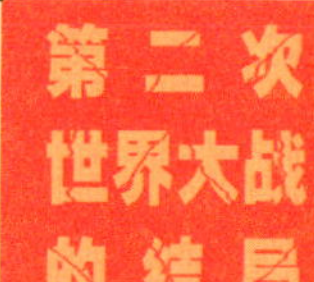

新编第六军新编第二十二师为中央纵队，于10月19日到达和平，22日前肃清和平之敌，经摩西前进，占领伊洛瓦底江以南之瑞姑地区，并准备继续推进。

新编第一军为左纵队，迅速向八莫推进，击歼或包围八莫至曼西地区之敌，并准备继续推进。

第十四师、第五十师及美军第一四八团为总预备队。

新编第一军奉命后，立即以新编第三十八师向丹邦阳推进，为第一线兵团。新编第三十师仍在原地区为第二线兵团，并决定以主力沿中印公路南进攻击，另以一部由左翼迂回策应主力作战。

八莫是日军侵略中国滇西的重要据点，是伊洛瓦底江流域仅次于曼德勒的第二大城市。

日军自密支那失守后，即由南坎抽调第二师搜索团、第十六团第二营、混合炮兵一个营以及由孟拱、密支那溃退的日军残部，总兵力约5000人，在八莫周围部署防御，并以第二师主力于8月28日推进到芒市，第十八师残部由英多移守南坎，企图阻止中国驻印军与中国远征军会师，后又改令第十八师主力移守蒙米特，留第五十五团防守南坎，并令第二师主力移向曼德勒。

10月21日，新编第三十八师以第一一三团为先导向南攻击前进，主力分两路纵队推进。其右纵队于10月29日攻占庙堤，肃清太平江右（北）岸之日军；左纵队由山地迂回南进，在太平江上游的铁索桥渡江，于11月1日抵不兰丹，3日攻占柏杭和新龙卡巴。

师主力右纵队因江势险阻，仍留于北岸。于是，新编第一军军长孙立人当即变更部署，以右纵队的第一一二团转移至左翼，自新龙卡巴向八莫南方的曼西进击，以切断八莫日军的后方交通线，同时以第一一三团协同第一一四团向莫马克及八莫实施正面攻击。

在空军支援下，经10日激战，于14日攻占莫马克，17日攻克曼西。日军残部约1500余人、炮30余门，轻型坦克约10辆，仍固守八莫，企图等待南坎

方面日军增援。

与此同时，驻印军中央纵队新编第六军自10月下旬肃清和平附近的日军后，即分兵两路，主力新编第二十二师自和平指向瑞姑，第五十师自和平经杰沙，协同新编第二十二师围攻瑞姑之日军。

两师先头部队以凌厉的攻势，于11月上旬歼灭瑞姑日军第二师第十六团后，新编第二十二师于11月12日连克曼西及大曼两地，并立即以一部向八莫进击，25日，新编第三十八师全部占领八莫。

此时，英印军第三十六师未遭抵抗，已进抵纳巴附近。滇西方面远征军于12月1日攻占遮放，正沿滇缅公路向畹町推进。

南坎位于瑞丽江南岸，其附近为一狭长谷地，西北通八莫，东北达龙陵，南至腊戍，有公路与滇缅公路连接，交通十分便利。

日军自入侵缅北以来，即在此储存粮弹，修筑公路，并构筑半永久性工事。此时，南坎驻有自滇西撤退的日军第五十六师、第二师各一部，总兵力约一个师，统由第五十六师师长松山佑三中将指挥。

新编第一军在新编第三十八师围攻八莫时，即令第二线兵团新编第三十师绕道攻取南坎。该师分三路向南坎急进。

11月30日，日军派遣其第十八师第五十五团团长山崎四郎上校率所部及第四十九师第一六八团并另附炮兵、工兵、辎重兵各一个营由南坎北上，救援八莫。12月3日，山崎支队与驻印军新编第三十师主力遭遇，在拜家塘、康马附近地区展开激战。新编第一军乃由八莫抽调新编第三十八师第一一二团自拜家塘东侧，向日军后方截击。

17日，新编第三十师击破日军抵抗，日军山崎支队撤回南坎，整备防务。18日，新编第三十师攻占卡提克，21日乘胜攻占南开。此时，新编第三十八师第一一二团正于公路左侧，向南坎西北急进。中国驻印军中央纵队新编第二十二师于11月13日攻占曼大，14日攻抵西口。

12月29日，该师先遣部队偷渡瑞丽江，先后攻占芒卡、拉西各要点。该师主力正准备渡江，忽奉命集结，不久即与第十四师于12月被紧急空运回

国。

第五十师以第一四八团守备拉西、芒卡一带，主力于1945年元旦由东瓜南下，1月8日，与日军激战于万好，至14日将日军击溃，并于占领万好后继续追击，进攻南渡。

右纵队英印军第三十六师正向马赛推进，该方面日军抵抗微弱，英印军第三十六师进展顺利。另外，缅中战场英印军第十四集团军主力正与日军缅甸方面军主力部队在曼德勒附近对战。

1945年1月5日，新编第一军以新编第三十八师第一一四团自纳康向老农攻击，以新编第三十师第六十九团自了卡向南坎西南郊攻击，对南坎形成双重包围，两师其余部队和独立坦克第一营，在炮兵支援下沿公路两侧向南坎实施正面攻击。

至14日，所有包围部队均已进抵南坎西南侧的古木蔽天的森林地带。1月15日，中国驻印军新编第一军各部在坦克、炮兵、空军火力支援下，向南坎日军发起攻击。

据守南坎外围据点及城区的日军，虽拼死抵抗，但仍难阻止驻印军的猛烈攻击，伤亡惨重。当日，新编第三十师全部占领南坎，日军残部向南坎东北及东南溃逃。

16日，新编第三十师与日军在汤康、巴松附近对峙。

南坎战役，中国驻印军共击毙日军官兵1780人，俘12人。南坎攻克后，中国及盟军方面均极为重视，命令远征军迅速攻占滇西滇缅交界处的畹町，以打通中印公路的最后障碍。

中国远征军滇西反攻作战

1944年4月中旬，中国远征军为策应缅北中国驻印军反攻作战，打通中印公路，发布作战计划：

> 以第二十集团军为攻击军，强渡怒江，向高黎贡山及腾冲的日军攻击；第十一集团军为防守军，固守怒江东岸原阵地，并由第一线各师分派加强团渡江作战，以策应攻击军。同时，以美军第十四航空队配合作战。

5月11日，中国远征军发起滇西反攻作战。11时，攻击军第二十集团军首先以第五十四军第一九八师第五九四团于栗柴坝、孙足渡口渡过怒江，与原在怒江西岸之预备第二师游击营配合，攻占那瓦寨，并向北斋公房的日军警戒。

19时，第一线兵团第五十四军的第一九八师主力由励古渡、水井渡；第三十六师由康郎渡、励獭渡、缅戛渡、大沙坝、龙潭渡，在强大的空、炮火力和工兵支援下，分别强渡怒江。

至12日拂晓，第一线兵团各部队均已渡过怒江。同时，防守军第十一集团军方面为策应攻击军作战，以新编第三十九师加强团由惠仁桥、第八十八师加强团由打黑渡、第七十六师和第九师联合编成的加强团由罕拐渡，分别渡江，因行动隐秘，均未遭日军抵抗。

渡江后，新编第三十九师加强团于13日攻占江木树，第七十六师和第九

师联合加强团与第八十八师加强团合力夹击平夏街。13日，日军大部退向芒市，仅以一部固守平易街。新编第五十三师业已以一个加强团向滚弄方向攻击。第五十四军右翼第一九八师主力渡江后，连克大寨、茶房，向北斋公房攻击。北斋公房位居高黎贡山险要，日军工事坚固，据险顽抗。

第一九八师久攻不克，遂以一部正面监视，主力由两侧绕越，向马面关、桥头攻击。16日，该师在炮、空火力支援下，一举攻占马面关和桥头。

21日，第一九八师主力对北斋公房再次发起攻击，日军第五十六师第一四八团一个营据险死守，双方形成对峙。

第五十四军左翼第三十六师渡江后，即向大尖山、唐习山、鸡心山方面攻击。日军利用外围据点凭险死守。经3日苦战，第三十六师曾一度攻入鸡心山，但又被日军击退。13日10时，第二十集团军令其第二线兵团第五十三军渡江，接替第三十六师任务。第五十三军第一一六、第一三零师于13日午夜，自第三十六师原渡江位置渡过怒江，至14日接替第三十六师向大尖山、唐习山等地攻击。第三十六师则在回恒山北侧集结，原配属的第三四六团归还第一一六师建制。14日晨，第五十三军对大尖山、唐习山日军发起攻击，在优势炮、空火力支援下，于15日晨将日军据点攻克，并继续向江直街前进，沿途遭各据点日军阻击，战斗甚为激烈。

日军所有据点均地势险要，第五十三军实施仰攻，牺牲甚大，遂在优势炮、空火力支援下，先以火力摧毁日军工事，再以步兵迂回敌后，包围攻击，苦战至6月21日，终将南斋公房、江直街等地攻克。

右翼方面，第五十四军第一九八师主力久攻北斋公房不克，陷入苦战。

6月9日，日军第五十六师调集主力向北斋公房方面增援，突破第一九八师马面关、桥头阵地，与北斋公房日军取得联络。

第五十四军急令第三十六师以一部监视瓦甸之敌，主力北攻桥头，协同第一九八师反击增援之敌，将日军击退。此时，第十一集团军第六军预备第二师奉命赶来增援。

6月14日，第一九八、第三十六师、预备第二师合力攻克北斋公房，16

日再克马面关、桥头。残敌经明光、瓦甸向腾冲退却。各部继续猛攻，预备第二师先后攻克明光、固东街，第三十六师攻克瓦甸。随后，第五十四军于龙川江东岸集结，准备向腾冲攻击。

在渡江各兵团展开攻击时，国民政府军事委员会鉴于中国驻印军开始攻击密支那，日军难以调兵增援滇西，遂于5月22日命令中国远征军，迅速攻占腾冲、龙陵，与驻印军会师缅北，打通中印公路。

远征军司令长官奉令后，当即命令：

第二十集团军为右集团军，仍按原计划攻击腾冲；第十一集团军为左集团军，攻击龙陵，并限5月底以前完成攻击准备。

第十一集团军于6月1日发起全面攻击。第七十一军自6月1日至3日，分别由惠通桥、毕寨渡、三江口附近渡过怒江。

腾冲国殇墓园

其新编第二十八师于6月4日攻克腊勐，向松山进攻，久攻不下。第七十一军主力第八十七、第八十八师并配属第八十四团，沿毕龙道路南侧地区向龙陵突进，于10日进抵龙陵近郊，并向龙陵日军发起攻击。

龙陵日军据守城内、外据点抵抗，双方陷入苦战。此时，日军约1500人自腾冲方面沿腾龙公路向龙陵增援，15日越过龙川江。第七十一军以第八十七师主力迎击，双方激战于龙陵北侧地区，反复肉搏，双方伤亡均大。

同时芒市方面日军约600人，也向龙陵增援，与新编第二十八师第八十四团激战于放马桥附近。该股日军主力虽被第八十四团阻击，但其一部仍进入龙陵城。第十一集团军乃下令停止攻击，并向后转移阵地，准备尔后再次攻击，又令新编第三十九师由龙江桥经三甲街向龙头街进击，掩护军之右翼。

18日，由各方面集中于龙陵的日军约有5000余人，并于21日向第七十一军反击，战斗激烈，双方形成对峙。

6月下旬，中国远征军司令长官部得知：缅北的中国驻印军正增加兵力向密支那攻击，腾冲方面的日军已以一部增援龙陵，第二十集团军已进抵江直街、固东街、大龙井，并已完成对腾冲的攻击准备，即电令第二十集团军分兵三路，主力保持在右，向腾冲攻击。

第二十集团军奉令后，立即调整攻击部署：

令第五十四军附预备第二师于26日前到达顺江街及其以东地区，再沿顺江街、腾冲道推进，驱逐日军警戒部队，先攻占宝凤山、来凤山，再协同第五十三军对腾冲实施包围攻击。

令第五十三军立即派兵一部占领杭励山，其余各部队于26日前，在千榨山、打豆山、龙川江右岸地区沿打豆山、观音寺向蜚凤山攻击，再以一个团沿龙川江左岸南下，渡过龙川江后，随军主力进展，向飞凤山攻击。攻占各据点后，再协同第五十四军包围腾冲，攻击而占领之。第一九八师为集团军预备队，先在瓦店集结等第五十三军挺进后，再进至江直街待命。

6月25日，第五十四军和第五十三军分别自龙川江西岸、清水河南岸向腾冲推进。28日，第二十集团军令已进至宝凤山北端之线的第五十四军主力沿公路以西地区，先攻占宝凤山、来凤山，再协力第五十八军攻击腾冲城。

29日，集团军各部队已迫近腾冲外围据点。

7月2日，第二十集团军以左翼为重点开始攻击。日军据守外围飞凤山、观音堂、来凤山等险要坚固据点顽抗，攻击进展迟缓。

至16日，集团军以第三十六师主力向来凤山方面增加兵力，并增加炮兵火力，在空军支援下，经10天激战，终于27日将来凤山攻克。

第五十三军方面已将飞凤山攻克，随即向腾冲城进迫。至此，腾冲外围据点全部夺取，残余日军退入城内固守。7月27日起，第二十集团军进行攻城准备。8月2日，空军对腾冲城开始轰炸。此时，各攻城部队在炮、空火力支援下，向城垣发起攻击。经两日激战，夺占城垣及城外堡垒7个，但未能突入城内。此后，攻城部队进行坑道作业，实施爆破，空军不断对腾冲城进行轰炸。8月15日，第二十集团军调整部署后，再次对腾冲城发起总攻，战至21日，将城垣之日军大部歼灭。城南方面第三十六、第一九八、第一一六师先后攻入城内，自南向北逐巷逐屋攻击，与日军展开激战，反复争夺。

直至9月14日，城内日军全部被歼，日军代理团长及部分官兵于弹尽援断后绝望自杀。

左集团军（第十一集团军）方面，由远征军总预备队第八军接替围攻松山的新编第二十八师的任务，第十一集团军再度向龙陵发起攻击。

8月14日，第十一集团军第七十一军再次向龙陵发起攻击，激战至26日，一部突入龙陵市区，城内日军约三四百人仍死守核心据点，拼死抵抗。

第二军对平易的攻击也进展甚微。芒市方面的日军，自8月中旬以来，得到约2000人的兵员补充，并由腊戌、南坎方面调来第二师第十六团及第四团各一部，其兵力达6000余人。

自27日起，芒市日军主力沿芒（市）龙（陵）公路突进，打通了由芒市到龙陵的交通线。龙陵日军得到补充后进行反扑，并夺回部分外围据点。

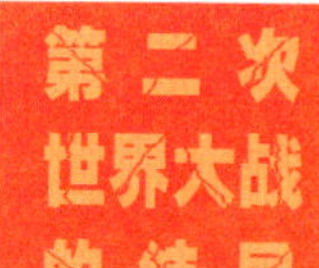

9月上旬，中国第五军第二零零师从昆明适时赶到，立即加入战斗，同时在腾冲方面作战的第三十六师也由腾冲南下参加战斗。经3昼夜激战，日军被迫退回芒市。23日，平易日军向芒市撤退，第七十六师收复平易。滇西残余日军固守龙陵、芒市顽抗。此时，围攻龙陵的中国远征军部队除第七十一军外，第二零零师、第八军荣誉第一师、第二十集团军第三十六师，均已参加该方面的作战。部队统由第七十一军军长钟彬指挥。

10月25日，远征军再向龙陵发动统一攻击，至11月6日，龙陵外围据点及市区全部被攻克，日军大部被歼，仅少数向芒市退去。

中国远征军攻克龙陵后，远征军司令长官部鉴于滇西日军已大部被歼，其溃退之部已成强弩之末，并且中国驻印军正在向南坎进逼，日军已无力向滇西增援。为迅速打通中印公路，与驻印军会师，于是以第二军、第七十一军及第五十三军，沿滇缅公路及其两侧分三路向芒市、遮放进攻。

第七十一军于17日开始攻击，经3日挺进，攻抵芒市近郊，据守芒市的日军，为滇西日军各师、团残部。芒市工事虽然坚固，但日军士气低落，毫无斗志。当第七十一军逐渐形成包围圈时，日军分向遮放、孟力戛撤退，芒市遂被收复。

21日，远征军以第六军接替第七十一军，于11月底进至遮放。第二军连续击破孟力戛、蛮牛坝日军的微弱抵抗后，于12月中旬进抵孟力古街附近。第五十三军于11月15日由河头街地区沿芒市、遮放道路西侧向遮放挺进，18日进抵来劳山附近地区，稍事整顿，旋即经遮放继续向畹町推进。

1945年1月上旬，三路攻击军进抵畹町附近，并展开围攻。24日，击溃残余日军，占领畹町。第十一集团军当即越过国境，分途追击。

1月27日，中国远征军与中国驻印军在芒友胜利会师。中国西南国际补给线中印公路完全打通。滚弄方面的日军撤向缅甸中部，新编第三十八师将滚弄收复。1月28日，中美两军高级将领在畹町举行会师典礼。至此，滇西反攻作战胜利结束，中国远征军陆续回国。

胜利反攻

第二次世界大战的结局

德国无条件投降

1945年新年伊始，苏联红军在东线发起强大攻势，给当面德军以重创。1月12日，苏军从北起波罗的海，南至喀尔巴阡山对德军发起强大攻势，兵锋直指柏林。英、美盟军乘机迅速推进，将德军全部赶回原出发地。希特勒企图在西欧取得军事胜利，迫使盟军妥协的美梦彻底破产。不久，苏、美军队在易北河会师。苏军攻克柏林，希特勒自杀，法西斯德国灭亡。

欧洲西线盟军的最后攻势

1945年新年伊始，德军处境更趋恶化。在东线，苏联红军1月中旬全线发起强大攻势，给当面德军以重创。罗科索夫斯基元帅的白俄罗斯第二方面军已从华沙北进到波罗的海沿岸，将东普鲁士从德国分立出来。与此同时，科涅夫元帅的乌克兰第一方面军向西冲过波兰南部，强攻到奥得河，并建立了几个桥头堡。这次突击使德国上西里西亚地区的工业遭到严重破坏。

在这两个方面军之间，朱可夫元帅的白俄罗斯第一方面军从华沙通过罗兹并越过波兹南向西突进，超过其侧翼友军，其先头突击部队已突至距柏林160千米内的各点。南部战线的红军各部，虽遭到盘踞在匈牙利境内德军的顽抗，进展较慢，但还是压倒了德军。在红军进攻的第三周，朱可夫元帅的先遣部队已向西推进了450千米，每天平均推进达22千米。

苏军的这次攻势对西线的作战具有双重影响：一方面，西里西亚工业区的丧失迫使德军在更大程度上依赖鲁尔和萨尔的工厂，不得不对其重点防守；另一方面，由于苏军的强大压力，德军又不可能从连线抽调援军用于西线，从而使防御更加捉襟见肘。

在西线，虽然年初的战线仍大致维持了1944年秋季的态势，德军仍据守着“齐格菲”筑垒防线，但双方的力量对比已发生重大变化。经阿登一战，德军不仅一线部队皆遭重创，而且预备力量也消耗殆尽。同时工业体系也陷入瘫痪，武器供给日渐匮乏。

反观盟军，虽部分部队在德军的反攻中损失较大，但以每周一个师的速度运抵欧洲大陆的援军，很快弥补了战斗人员。

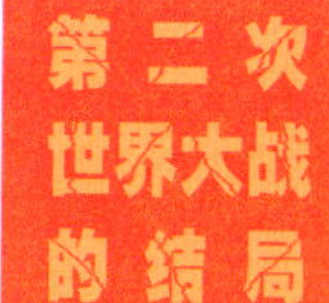

阿登战役后，为便于指挥作战，盟军在兰斯设立了前方司令部，并将临时划归蒙哥马利的美第一集团军返归于布莱德雷，但美第九集团军仍暂留在第二十一集团军群内。从表面上看，对峙双方的部队编制没有重大变化。盟军最高司令仍由艾森豪威尔上将担任。

战线北部为蒙哥马利元帅的第二十一集团军群，下辖克里勒上将指挥的加拿大第一集团军、登普西中将指挥的英国第二集团军、辛普森中将指挥的美国第九集团军和布里尔顿将军指挥的第一空降集团军。

布莱德雷中将的第十二集团军群位于战线中段，面对德国“齐格菲”防线最坚固的部分，该集团军群下辖霍奇斯中将指挥的美第一集团军和巴顿中将指挥的美第三集团军。

德弗斯中将的第六集团军群位于战线南部的萨尔盆地，辖德拉特尔上将指挥的法国第一集团军和帕奇中将指挥的美第七集团军。

西线盟军总兵力约90个师，其中60个步兵师、25个装甲师和5个空降师，装备坦克达6000辆。德军西线总指挥为龙德施泰特元帅，其麾下名义上有65个步兵师和8个装甲师，但其实际人数仅相当于盟军兵力的1/3，坦克不足盟军的1/6，空军差距更大。按照希特勒的指令，西线德军应继续为每一寸土地进行战斗，即应坚守前几次战斗后形成的许多突出部。这意味着德军将扼守科尔马地域的大登陆场。

在荷兰南部，不能从下莱茵河退守到短得多的须德海南岸、阿纳姆一线，这就更增加了德军防御的难度。

在龙德施泰特统帅的3个集团军群中，新成立的H集团军群情况最好，该集团军群由布拉斯科维茨上将指挥，辖战斗力较强且齐装满员的第一伞兵集团军和受创较轻的第二十五集团军，其防守区域为马斯河和下莱茵地区。

坚守摩泽尔河至马斯河漫长战线的为莫德尔元帅的德军B集团军群，该集群辖第七集团军、第五装甲集团军和第十五集团军，共26个师，但除6个师外其他各部均已在阿登战役中遭重创。

据德军估计，其战线每一千米的实际兵力为26名步兵、一两门火炮和不

到一门反坦克火炮，整个C集团军群的装甲车辆不足200辆。但情况最糟的应首推战线南端的G集团军群，它由防守上莱茵河与科尔马地域的德第十九集团军和掩护莱茵河与摩泽尔河之间地区的德第一集团军组成，曾遭到过盟军第六集团军群的重创。

综上所述，1945年年初德军在东西两线的形势都处于极为被动的状态。尽管德军在西线据守着“齐格菲”防线的筑垒工事，但仍无法阻挡住拥有强大优势的盟军的推进。

1944年秋，艾森豪威尔已初步拟定了莱茵河地区的作战方案。1945年克里勒将军统帅的加拿大第一集团军发起了代号为“真实”的战役行动。

朱可夫元帅（塑像）

在进行大规模航空火力和炮火准备之后，其下辖的英第三十军一马当先，从马斯河和奈梅亨东南面的莱茵河之间的狭窄颈部穿出，直扑由德军一个师防守的10余千米长的正面。

为迅速实现突破，军长霍罗克斯中将集中了5个步兵师的大部兵力，外加3个装甲旅和11个特种装甲团。在这个巨大的攻击兵团之后，还有两个师的预备队，以供扩大战果之用。

在加军正面，虽然“齐格菲”防线的原有工事并未向北延展到赖希斯瓦尔德森林，但德军却利用间歇的5个

月时间大大加强了这个森林地区的防御。

他们掘毁了莱茵河的堤岸，放水淹没了田地，从而使狭窄的颈部变得更加狭窄。此外，德军还加强了戈赫和克莱沃两镇的防御力量，并在更南地区布置了一个机动军，准备迎击越过鲁尔或马斯河的攻击。

因此，霍罗克斯军长所面临的最大问题，就是如何在德军预备队北调阻塞瓶颈之前，使他的部队冲过赖希斯瓦尔德森林，直入下莱茵河地区。

战役发起后，尽管遇到德军顽抗和泥泞的困扰，霍罗克斯的部队仍于进攻当日突破德军多处防御阵地，不过，随后却未能按预计的那样顺利发展进攻。这一方面是由于为数众多的地雷场、越来越严重的泥泞和德军的顽抗阻滞了进攻的速度；另一方面由于道路狭窄所造成的拥塞和混乱，也大大影响了部队的前进。在这期间，德军大批援军赶到，从而使战斗更加激烈。

直至2月13日，加拿大军队攻占克莱沃并进至德军赖希斯瓦尔德防线后方以后，第一阶段的突破战斗方告结束。这时，德军已将两个装甲师和两个伞兵师的援军调至北翼，为盟军的进一步突破带来困难。

德军统帅部之所以能够厚集兵力于赖希斯瓦尔德地域，是同美第九集团军的受阻分不开的。按原定计划，代号为“榴弹”的南翼突破应于加拿大第二集团军发起进攻后48小时实施。然而，由于德军在此时炸毁了鲁尔河大坝，使河水大涨，从而阻止了美军定于10日开始的进攻，这才使德军能够无所顾忌地调动兵力于北翼。

在这种情况下，英加军必须单独作战，以待水位下降后南翼的协同。当然，这种苦战并非徒劳。在随后的14天中，他们在德军一个师的战线上，一共吸引住了德军9个师的兵力，这无疑为美第九集团军尔后的行动创造了极为有利的条件。

2月23日拂晓，推迟了两个星期之久的“榴弹”行动终于拉开帷幕，美第九集团军的4个师和第一集团军的两个师开始横渡鲁尔河。为了阻滞盟军的推进，希特勒严厉命令德军未经允许禁止一人一枪撤过莱茵河，即使如此，也无法阻止盟军合围圈的紧缩。随后，被美军逼退的第十五集团军残部与伞兵

第一集团军被盟军逼在一起。

至3月5日，美军已攻占诺伊斯到奥尔索伊的莱茵河西岸，并迫使德军向韦瑟尔方向退却。3月8日前，德伞兵仍在北翼顽强地扼守着克桑西，并在韦瑟尔地域掩护留在德军手里的最后一个莱茵河渡口。次日，德军9个师的残部被逼退在莱茵河大桥附近不大的桥头堡里。

3月9日夜，德军逃到了东岸，并炸毁大桥。至此，蒙哥马利的第二十一集团军群肃清了下莱茵河地区的德军，全线推进到莱茵河西岸。

根据艾森豪威尔的命令，第十二集团军群的任务是以不间断地冲击牵制正面德军各部并迫其东退，为第二十一集团军群的主攻创造有利条件。它应在蒙哥马利发起战役后，再向整个莱茵河战线发动冲击，并从北向南逐次夺占“齐格菲”防线各段。

3月1日，布莱德的第十二集团军发动了第二阶段的攻势。霍奇斯将军的第一集团军重新渡过了埃尔夫特河并快速利用其桥头堡扩大战果，很快击垮了德第十五集团军的右翼，切断了其与科隆和杜塞尔多夫的联系。3月4日，该集团军攻进了奥伊斯基兴。

5日，其先头装甲部队冲进了科隆，次日全面控制了这座遍布大教堂的城市。在科隆的南面，霍奇斯将军对其集团军的其他部队下达的任务是突向莱茵河，尔后折向南面渡过阿尔河，同此时正放手突击北进的美第三集团军一部会合。3月7日，美第一集团军中央和南翼转向东南，迅速向波恩和巴特戈德斯贝格推进。

位于集团军最右翼的美第九装甲师奉命向雷马根进攻。该师先遣部队越过屏蔽莱茵河的最后一个高地后，突然发现前面莱茵河上的“鲁登道夫”大桥仍完好无损。该部指挥官霍格准将在获悉这一情况后立即命令所部夺取这座桥梁。

该桥当时未遭摧毁是因为被指定炸桥的守卫部队正在等待仍在莱茵河以西的德国部队渡河。当美军先头部队到达桥头时，守桥德军点燃了炸药包，由于炸药量不足，仅破坏了一个桥墩。

随后，迅速冲上去的美军巡逻队切断了爆破用的电缆，然后冒着德军火力冲过大桥，到达莱茵河东岸并建立了阵地。

美军这一夺桥行动在双方的统帅部都引起了极大的震动。布莱德雷闻知欣喜若狂，并前往兰斯见艾森豪威尔。最高司令虽然考虑到以后巩固桥头堡的行动将需要大量支援可能影响其他方面的作战，但他还是批准了布莱德雷拟将美第一集团军可利用的一切力量投入到莱茵河对岸，以扩张桥头堡的部署，同时又调拨给他几个师的预备队。

希特勒的反应更为强烈，他一面命令严惩失职者，一面调集空军和远程火炮尽全力摧毁"鲁登道夫"大桥。3月10日，龙德施泰特因此被革职，由凯塞林接替西线指挥权。虽然承担责任者受到了严惩，但大桥并未被如期摧毁。3月17日桥墩终于坍塌时，美军已在莱茵河上架起一座便桥，并在东岸站稳了脚跟。3月15日，在盟军第十二战术空军司令部的支援下，帕奇的美第七集团军从阿尔萨斯北部地区开始了萨尔河地区的作战。

在北面的美第三集团军所发动的进攻支援下，美第七集团军的右翼在进攻的前5日内推进了30多千米，而且未遇到重大抵抗，但中央和左翼则由于当面"齐格菲"防御工事所阻，进展缓慢。与此同时，巴顿的装甲部队强渡摩泽尔河后长驱直入到帕拉蒂纳特三角地带的德军后方，一部占领了科布伦茨，另一些部队则冲过巴特克罗伊茨纳赫向美因茨挺进。

至3月18日，美第三集团军已逼近美因茨与沃尔姆斯之间的法兰克福走廊，而右翼部队则已插至德军萨尔河防御工事后方的圣文德尔，并支援美第七集团军于3月19日开进萨尔布吕肯。随后，帕奇将军的部队攻势越来越猛，并于3月20日突破了"齐格菲"防御阵地。次日，该部与美第三集团军部队会合。至3月25日，萨尔河—帕拉蒂纳特三角地带已被占领，美第七集团军抵进莱茵河西岸。

与此同时，巴顿的进攻仍势头不减。3月21日，他的3个军已进抵莱茵河西岸。22日，所部占领了兰道和美因茨。濒临午夜时分，巴顿出人预料地命令第五师在奥彭海姆附近强渡莱茵河。23日黎明前，美第五师的6个步兵营以

仅伤亡34人的微小代价抵达东岸。48小时后，他们的第一座浮桥已经建成，4个师已从桥上过河，装甲车辆也正开始过桥。此外，在距此以北65千米处的博波德，该集团军的另一座浮桥也在架设之中。

法国第一集团军在美第七集团军进攻期间执行防御任务，对帕奇将军部队的作战作出了重大贡献。根据德弗斯将军3月10日的命令，法军把装甲部队和炮兵部队调给了美第七集团军，并把其他装甲部队作为第六集团军群的预备队。在此期间，德拉特尔将军的部队担负了防守德昌瑟内姆以南一段莱茵河的任务，这对于仅剩4个师的法国第一集团军来说，任务相当艰巨。

至此，西线盟军彻底肃清了位于莱茵河西岸的德军，远征军已从荷兰到瑞士边境的漫长战线上抵达莱茵河岸。此役，德军共伤亡60000余人，被俘达25万人，另有大批作战物资落入盟军手中，而盟军伤亡还不到20000人。

在西线，尽管霍奇斯的第一集团军和巴顿的第三集团军后来居上，出乎意料地抢先渡过了莱茵河，但蒙哥马利并不为所动，仍按原计划扎实地进行着渡河准备。自3月10日结束下莱茵河地区作战行动后，第二十一集团军一直秣马厉兵。由于得到统帅部从意大利经马赛海运来的5个师的加强，蒙哥马利的实力已扩增至29个师。

3月23日晚21时整，第二十一集团军群强渡莱茵河的战斗打响，英国第二集团军率先渡河。在雷斯附近，英军几个突击营仅用7分钟就抵达了莱茵河对岸，1小时后，又一批英军在韦瑟尔地域渡过该河。

由于盟军在发起进攻前进行了猛烈的空中和地面炮火袭击，守河德军阵地遭到严重破坏，故英军在突击上岸时只遇到微弱抵抗。

次日晨2时，美第九集团军在莱茵贝格地域开始强渡莱茵河，并顺利上岸。辛普森的部队在第一天仅付出了亡41人、伤450人、失踪7人的代价。但随着德军预备队的投入，抵抗随之加强。

3月28日，第二十一集团军群的两个集团军夺占了由博特罗普经多尔斯腾和博霍尔特几乎延伸到埃默里希的一个大登陆场。至此，第二十一集团军群强渡莱茵河战役的主要阶段已经完成，接着便可以从这一登陆场实施其攻占

鲁尔地区和前出到易北河的突击。按照艾森豪威尔的最初计划，第十二集团军群强渡莱茵河的行动应在第二十一集团军群过河后发起，此前主要执行牵制任务，保障蒙哥马利部作战行动的顺利实施。

然而，在计划实施的过程中，霍奇斯和巴顿表现出色，不仅按计划完成了前出到莱茵河西岸的任务，而且还分别在莱茵河东岸夺取了一个登陆场。

至3月24日，霍奇斯已将下属的3个军大部送过莱茵河，他的雷马根登陆场已扩至北起波恩南达柯布伦茨的整个地域，并且在莱茵河上架设了12座桥梁。随后，美军第一集团军击退了德军从北面实施的反击，开始从雷马根大登陆场转入进攻。与此同时，渡河后的美第三集团军一直处于不间断的进攻之中。3月24日，巴顿的部队攻占了达姆施塔特，其坦克进抵阿沙芬堡，并在那里夺占了几座完好无损的美因河大桥，抢占了哈瑙、吉森一线，并准备向卡塞尔继续前进。次日，美第三集团军的部队占领了法兰克福郊区。至3月29日，该集团军左翼在威斯巴登附近同第一集团军部队取得了联系，清除了法兰克福地域之敌。

在北面的部队巩固桥头堡后，第六集团军群强渡莱茵河的行动也拉开了帷幕。美第七集团军横渡莱茵河的行动于3月26日凌晨2时30分在沃尔姆斯南北两面发起。尽管德军在城北进行了激烈抵抗，但到第二天结束时已有4个师的美军到达了莱茵河东岸。

由于当面德军兵力薄弱，该集团军加强了攻势，其北翼很快与巴顿的部队在达姆施塔特地域会师，同时登陆场也向南扩至曼海姆。

至3月底，西线盟军3个集团军群的主力皆已渡过了莱茵天险，在他们前进方向上德军已不可能再组织起一条完整的防线。纳粹德国的末日已指日可待，盟军以后的任务仅仅是对残余德军的追击和围歼。

在盟军正面，数度遭受重创的西线德军虽然从编制上仍保留着过去的番号，但实则只能称其为残部。由于得不到兵员和装备的补充，德军士气低落，战斗力已大打折扣，其一个集团军群的作战能力甚至远逊于盟军的单个集团军。

鲁尔工业区是盟军渡过莱茵河后的首要作战目标。尽管持续数月的空袭已使该区丧失了作为德国经济动力基地的地位，但由于德军B集团军群盘踞其间，同时又是盟军蓄谋已久的战略目标，故艾森豪威尔对其特别重视。

为了全歼德国B集团军群，盟军最高统帅部命令美第九集团军和第一集团军协同完成这一任务。美第一集团军对鲁尔的攻势于3月25日展开。不到24小时，美军装甲部队即推进了90千米，抵达德军装甲部队的摇篮——巴德尔布恩装甲学校。很快，军校的训练场变成了战场，德国教官率领学生们进行了顽强阻击。这是美军推进中所遇到的一次最激烈的抵抗，直至4月1日，美军才占领巴德尔勃恩。在鲁尔区的北翼，美第九集团军也冲出桥头堡按计划发起进攻。与此同时，遭受沉重打击的德军H集团军，向德军最高统帅部提议允许其从受到合围威胁的地区撤退，并请求准许阻拦危及其南翼的美第一集团军对B集团军群的突破，以构筑威悉河防御阵地。

此外，还请求从荷兰大部分地区撤走部队和补给品，以便在该国东北端建立一条新的防线。德军最高统帅部断然拒绝了这些请求，不仅如此，希特勒还命令西线所有德国部队利用一切手段原地坚守。

在德军最高统帅部的命令约束下，西线德军的命运已岌岌可危。

4月1日，美第一集团军和第九集团军的装甲部队终于在双方约定的帕德博恩会合点正西的利普施塔特取得了联系，从而完成了对鲁尔工业区的合围。在这个被包围的鲁尔口袋中，有莫德尔的B集团军所辖的第五装甲集团军以及第十五集团军大部，此外还有隶属于H集团军的第一伞兵集团军的部队，约25万人，此外再加上10万余人的防空部队，总人数达35万余人。这个口袋南至锡格河，北至得用河，南北宽约90千米，东西长约110千米，总面积近9900平方千米。

4月6日，鲁尔战役的第二阶段开始实施。在南翼，美第一集团军以两个军的兵力向被围德军发起猛烈攻击；在北翼，美第九集团军以一个军及另一个军的一部开始收缩鲁尔区口袋。

与此同时，这两个集团军的其余部队则向易北河挺进，使合围对外正面

迅速东移。其间，德军第十三集团军群司令莫德尔元帅指挥被围德军在北面经哈姆、在南面经锡根分别实施反击，进行最后的突围尝试，但均被美军击退。随后，合围圈迅速缩小，德军的指挥和物质保障因美军的强攻和空袭变得越来越困难，致使其抵抗进一步减弱。

4月中旬，从北部、东部和南部推进的盟军各师已把德军控制的区域缩小至一个直径45千米的地区。此时德军的弹药和食品已不够坚持3天，但莫德尔元帅仍然拒绝其参谋部成员劝其投降的建议。4月14日，美第九集团军结束了德军在鲁尔河以北地区的所有抵抗，并协同美第一集团军把鲁尔河以南地区的被围德军分割成两部分。在这种情况下，德军最高统帅部才发出让B集团军群突围的命令，但为时已晚。

4月15日，美第一集团军在扩大了同第九集团军接触点的同时，折向西面和东面，以求尽快摧毁被分割的德军集群。次日，较小的东部集群被歼灭，美军在消灭该集群之前一昼夜内俘德军达80000多人。

在德军全军覆没之前，莫德尔采取了一种避免正式投降的“新奇”做法。

4月17日晨，这位集团军群司令宣布解散B集团军群，对于德军中的年幼和年迈士兵，令他们放下武器，自行回家，而对余下官兵，则作出了或投降或自行突围的决定。随后，莫德尔带领几位随从离开部队，不久自杀身亡。

4月18日，鲁尔区内德军有组织的抵抗结束。此役盟军共俘德军31.7万余人，其中包括24名将军。虽然在德国境内仍有部分德军在分散的地域内进行着徒劳的抵抗，但从前强大的德国军队已不复存在。

1945年4月2日，即美军合围鲁尔后的第二天，艾森豪威尔将军命令盟军各部全速东进，由此拉开了西线盟军大追击的战役序幕。

4月4日，美国第九集团军回到美军建制序列后，蒙哥马利元帅的第二十一集团军群仅剩下两个集团军的兵力，即由克里勒将军指挥的加拿大第一集团军和登普西将军指挥的英国第二集团军。

按照集团军群的作战计划，克里勒集团军的作战任务是开辟一条通过阿纳姆的补给线，向北占领荷兰的东北部和西部，同时沿英国第二集团军左侧

的海岸地带前进，以夺取埃姆登—威廉港半岛；登普西将军的集团军仍然向其地段内的易北河前进，并攻占不来梅和汉堡各港口。

就在美国第九集团军重归于第十二集团军群建制的同一天，蒙哥马利的加拿大第一集团军所属的3个军在韦瑟尔地域兵分三路向东北、正北和正西转入进攻。至4月下旬，除了埃姆斯河入海口一带的小袋形阵地以外，荷兰东北部德军的一切抵抗部队都已被消灭。5月3日，该方向的所有残余德军均缴械投降。为切断驻扎在丹麦和石勒苏益格—荷尔斯泰因德军的退路，艾森豪威尔命令蒙哥马利按预定计划向吕贝克快速进攻，5月2日，英军一支装甲先头部队推进约60千米，未遇到任何抵抗就进入了吕贝克。

与此同时，另一支装甲纵队向东北前进了65千米，先于苏军几小时进入了维斯马。5月3日，随着汉堡守军投降，第二十一集团军群的作战行动结束了。到1945年4月4日，布莱德雷的第十二集团军群北部的辛普森第九集团军，在留下近2／3的兵力与霍奇斯的部队协同歼灭鲁尔区德军之后，以另外一个军的兵力于4月初从该地段北部的阵地出发向东推进。

此间，还未全部完成组建工作的德军第十二集团军开抵西线。该集团军主要以步兵学校、装甲兵学校和工程部队的技术人员及德国第二、第三军区内剩余的各级指挥人员作为骨干组建而成。其主要任务是防守维滕贝格、莱比锡之间，阻挡美军经易北河与穆尔德河的进一步推进。4月14日，该集团军一部奉命向美第九集团军在易北河上的第一个桥头堡发起反击，以阻止其可能向柏林方向的推进。次日夜，辛普森的部队在德军的猛烈反击下被迫在这一地段退回到易北河左岸。而马格德堡南面的第二个桥头堡却坚守下来。

由于美第九集团军处于向柏林进攻的极有利位置，故在抵达易北河之后，辛普森将军向布莱德雷提出了继续向柏林推进的请求。鉴于最高司令的态度，布莱德雷立即拒绝了这一建议，并命令第九集团军固守易北河一线，等待与苏军建立联系。辛普森随后的主要任务只是消灭易北河西岸该集团军地带内的德军残余力量。在第十二集团军群的中部，霍奇斯的第一集团军在主力围歼鲁尔区德军的同时，也以一个军的兵力插向易北河。该军除在哈茨

山地域遇到顽强抵抗延误一星期之外，大部分时间内进展都顺利。

考虑到集团军正面地段的易北河向东南急转的地理状况，艾森豪威尔和布莱德雷均认为，原定将停止线划在易北河西岸有所不妥，因为这样会在第一集团军的左翼形成一个延伸的突出部，所以必须在更靠西面的地方找到另一条停止线。最后，艾森豪威尔将这条线定在穆尔德河。该河在德绍流入易北河，并与其南北衔接在一起。4月12日，第十二集团军群颁布命令，规定美第一集团军的部队未经其司令允许不得渡过穆尔德河。

巴顿的第三集团军位于集团军群的右翼，自4月初以来，该集团军一直向东南进军，几乎未遇抵抗。这主要因为在美军当面除萨林格尔瓦尔德的密林地区以外，地理条件不适于防御。4月11日，布莱德雷为第三集团军的部队在捷克斯洛伐克边境西侧划定一条限制线。

14日，该集团军的部队前进到距捷克边境16千米以内的各点。此时，巴顿接到重新编组部队以准备执行开进捷克斯洛伐克境内并向南进入巴伐利亚和奥地利的一项新任务的命令。17日，第三集团军的巡逻队越境进入捷克斯洛伐克，但其主力却在随后的几天里才奉命向南移动，并由第一集团军接管其北翼的部分地段。22日，第三集团军向多瑙河和奥地利边境方向全速推进。由于德军抵抗极其微弱，美军仅付出了轻微的代价。

4月23日，整个集团军仅亡3人，伤37人，另有5人失踪，但却俘获近9000名德军。4月底，巴顿的部队突破了德军在伊萨尔河和因河上仓促构筑的防御工事，于5月4日进入奥地利并占领林茨。次日，第三集团军接管了第一集团军的占领区和它的一个军，因为该集团军已奉命将司令部迁回美国，以便在国内进行重组后用于太平洋战区对日作战。

根据艾森豪威尔和苏军最高统帅部最近达成的协议，西线盟军应前进到比尔森、捷克市杰约维策、卡尔斯巴德一线。当巴顿将军的部队攻到新分界线上所有各点时，西线德军已在兰斯签订了投降书。5月8日，第三集团军的部队同苏军取得了联系。这是西线盟军最后一支停止行动的部队。

美英联合
轰炸德国本土

随着盟军地面部队陆上作战的一个又一个胜利，美英战略航空兵开始按照自己的既定方针，有计划地将作战重点转移到对德国本土的战略轰炸上来。

其作战目标首先放在打击德国的合成石油工业，后转向德国本土铁路运输系统。通过对这两个目标系统进行卓有成效的打击，美英战略航空兵最终重创了德国的战时经济体系。

1944年7月4日，英战略轰炸机部队作战部长巴夫顿空军准将告诉英空军参谋长波特尔，英国轰炸航空兵已开始对德国的盖尔森基兴、斯特克拉德、韦瑟尔、汉堡等城市的石油目标进行轰炸，其中大部分作战行动是由为数不多的“蚊”式飞机实施的。

仅有两次作战行动规模较大，每次都出动了近300架重型轰炸机，共投弹1000余吨。第一次作战行动是在1944年6月12日夜间进行的，英国轰炸航空兵出动了294架重型轰炸机，突击了德国盖尔森基兴的诺斯顿工厂，造成了很大的破坏，使其产量急剧下降。

6月18日，美军第八航空队第一次深入德国本土进行大规模轰炸作战。这一天，第八航空队的3个轰炸师几乎倾巢出动，总共有378架重型轰炸机参加了这次行动。

其中，第一轰炸师的146架B—17重型轰炸机和第三轰炸师的88架B—17重型轰炸机分别轰炸了汉堡和汉诺威的炼油厂，共投弹581.5吨。

在6月的最后10天里，美第八航空队又出动重型轰炸机521架次，突击了

德国的不来梅、博兰等地的合成石油工厂，还突击了蒙特巴蒂尔和达格尼两地的油库。

1944年下半年的前3个月里，盟军逐步加大了对德国石油工业的打击力度。

美第八航空队在7月7日、18日、28日和29日，先后突击了德国的卢茨肯多夫、哈雷、博兰、梅泽堡、莱比锡、基尔、不来梅等地的石油目标。

整个7月，美第八航空队、第十五航空队和英国轰炸航空兵投在德国石油目标上的炸弹共计21000吨。

盟军对德国石油工业规模日益增大的突击，使德国合成石油产量急剧下降。7月份，德国氢化法和氟化法合成石油产量只有86000吨，仅及1944年头4个月平均月产量的1／4。在两个月内，盟军投在德国石油工业目标上的炸弹总计为37000吨，致使德国合成石油生产状况进一步恶化。9月份，德国氢化法和氟化法合成石油产量与1944年头4个月平均月产量相比，下降了92.2％。

美英空军最初对夺取德国上空的战略制空权没有给予足够的重视，致使在战略轰炸初期和中期的空中作战中屡遭挫折。

随着经验教训的不断积累，他们逐步重视战略制空权的作用，但所采取的主要措施也仅限于突击德国的飞机制造工业，而且收效甚微。

只是在美英对德国合成石油工业实施战略轰炸后，美英战略航空兵才收到出乎意料的战果。美军对德国氢化法合成石油工厂的轰炸，很快就使德国空军航空汽油的供应严重恶化。

在对石油目标轰炸前的5个月，德国航空汽油平均月产量为16.8万吨，遭轰炸后的7个月的平均月产量降至29900吨，下降了82％。

施佩尔在7月28日给希特勒的报告中就已经提及：

如果对合成石油工厂的空袭继续进行，敌人像现在这样成功地节制我们的航空油料的生产，那么，至9月或10月空军按计划使用将是不可能的。

事实正是如此。从1944年秋季起，德国的战斗机对美英的轰炸机已无法进行有效的抗击。

它们只能按兵不动、积蓄油料，间隔几日才能出动一次。油料短缺使德军飞行员的训练也受到极大影响，训练水平大大下降。他们每周分配到的油料只够飞行一小时，致使德军新飞行员的补充日益困难。

美英战略航空兵对德国合成石油工业的打击，还严重地影响了德军装甲部队的作战活动。

1944年12月，德军发动阿登战役时，因油料短缺，只能提供1.5个基数，不足德军装甲部队组织进攻所需要的正常供应量的1/3。德军进攻开始后，有一半火炮无法跟进，只能留在进攻出发地。坦克因缺油常常不能机动作战，只能做固定堡垒用，致使德军在进攻巴斯托尼的战斗中，火力严重不足，陷入被动，从而使盟军取得了防御作战的决定性胜利。

苏德战场上的德军装甲部队也同样受到缺油之苦。德国的西里西亚地区是德国武器生产的重要工业区。这一地区的得与失对苏德双方都有重大意义。为了夺取这一地区，苏军曾进行了半年的准备。

德军为了阻止苏军的进攻，在维斯瓦河西岸建立了防线，德军第四装甲集团军在桑多梅日到巴拉诺夫的滩头阵地

上集中了1200辆坦克准备固守，但由于油料严重短缺，坦克无法机动，很快被苏军消灭。

1945年2月至3月，美英的轰炸造成德军油料短缺，严重地妨碍了德军航空兵和装甲部队的作战使用，大大加快了苏军在西里西亚的胜利。

为此，斯大林曾评价说，美英对德国石油工业的轰炸，对加速苏军的胜利起了重要作用。

在对德作战的最后几个月中，美英战略航空兵在继续对德国石油工业突击的同时，又对另一个对德国经济产生严重影响的目标——德国的交通运输

美军“飞行堡垒”轰炸机

系统展开了大规模突击。

德国铁路运输是德国交通运输系统的骨干，战争爆发后，其运输负担极重。由于石油严重短缺，德国不可能用汽车担负长途运输任务，因而在德国交通运输中，铁路运输量居首位，占运输总量的72%，水路运输占25%，公路运输仅占3%。仅煤炭运输一项就占铁路运输总量的40%。

再加上为了应付美英的战略轰炸，德国曾将大批工厂疏散，造成零部件和半成品的运输量大幅度增加，又进一步加重了铁路运输的负担。

1944年9月以前，美英对德国本土铁路系统的月投弹量最高不足5000吨。此后，美英开始对德国铁路运输系统进行大规模轰炸，月投弹量最高时超过50000吨。

9月5日，美第八航空队出动B—24重型轰炸机218架，其中，有183架突击了地处莱茵河畔的德国西南边陲小城卡尔斯鲁厄的铁路调车场，投下高爆炸弹463吨。

9月8日，美军第八航空队出动300架B—24重型轰炸机，对这座小城的铁路调车场又投下了665吨高爆炸弹。

9日，美第八航空队又顺莱茵河北上，突击了莱茵河畔的曼海姆和美因茨，第八航空队出动419架B—17和337架B—24重型轰炸机，其中有387架B—17轰炸机和265架B—24轰炸机到达这两个目标上空，共投弹1798吨。

10日，美军又掉转方向回师南下，突击德国南部小城乌尔姆的铁路调车场，此战共出动B—24重型轰炸机247架，投弹630吨。

在尔后的10天内，美军重点打击德国的合成石油工厂和其他目标。

9月下旬，美军又围绕着鲁尔工业区，突击了德国西北部、西部和西南部广大地区内的众多铁路目标，主要有科布伦茨、林堡、达姆施塔特、哈姆、索斯特、明斯特、路德维希港等地，其中规模最大的是突击路德维希港。

在这次作战中，美军第八航空队出动534架B—17重型轰炸机，共投弹1133吨。

10月，美军的作战重点仍然是切断鲁尔区与德国其他地区的交通联系，

作战地域是德国的西北部、西部和西南部，也就是说，仍围绕鲁尔工业区展开攻击。

10月上旬，盟军轰炸机突击了哈姆、奥芬堡、赖内、赫尔福德、美因茨、科布伦茨、奥斯纳布吕克等地的铁路调车场。

10月14日开始，美军重点打击鲁尔工业区南部最重要的铁路枢纽，也是鲁尔工业区的最重要的南出口——科隆。

这一天，美第八航空队的第一轰炸师和第3轰炸师有640架B—17重型轰炸机突击了科隆的两个调车场，总计投弹1740吨，作战中损失飞机2架。

10月15日，美第八航空队的3个轰炸师一同前往科隆，这在第八航空队的作战中是前所未有的。美军这一天共出动各型轰炸机1212架，其中903架重型轰炸机到达科隆上空进行了突击，共投弹2500吨。

10月17日，第八航空队再度出动，有1248架重型轰炸机再次突击了科隆，投弹2913吨。

第二天，美军又出动少量轰炸机对科隆进行了补充轰炸。

10月下旬，美军又突击了德国的美因茨、哈姆、明斯特等地的铁路调车场。哈姆和明斯特是鲁尔工业区通往德国北部重要城市不来梅和汉堡，以及柏林方向上的重要枢纽。

美军突击鲁尔区这些与外界联系的最重要的交通枢纽，无疑给德国战时经济的正常运转以最沉重的打击。

11月7日，英军下达了打击德国本土交通系统的第二号交通计划。1945年1月，英国轰炸航空兵投在德国交通运输系统的炸弹近2.3万吨，是整个战争期间英军投在交通运输系统最多的一个月。

美军在这个月中，投在德国交通运输系统的炸弹约3.2万吨，其任务主要是破坏德国人对交通运输系统的抢修工作。美军对每一个交通目标突击时所用的兵力都不大，但打击的面很广，频率很高。

1月上旬，美军作战8天，中旬和下旬，美军各作战6天，全月美军共作战18天，平均每1.7天就突击一次德国交通目标。

美英战略航空兵在这个月里投在德国本土交通目标上的炸弹总数约55000吨，是对德国交通运输系统轰炸作战中投弹最多的一个月。

在美英战略航空兵持续打击下，德国铁路运输能力急剧下降，并严重影响到煤炭运输。在正常情况下，鲁尔区煤的外运量是每天2.2万车皮，1945年1月下降到每天9000车皮，仅达正常运量的40.9％。

至1945年3月15日，情况更为恶化，施佩尔给希特勒的报告中说，每天只有2000至3000车皮离开鲁尔区，仅及正常运量的9.1%～13.6％。

早在1944年11月，德国各生产部门储备的煤已经由于铁路运输困难而入不敷出。

德国优先保证的铁路用煤的储备量到11月5日比9月10日下降了44.2％。其他部门下降得更多。

为此，施佩尔在11月11日给希特勒的报告中称：

我们正处在开战以来最严重的煤炭生产危机的边缘。

美英战略航空兵对德国石油和铁路系统卓有成效的打击，使这两个系统基本上陷于瘫痪，并由此造成了石油、煤炭、煤气、电力等能源供应极度短缺，进而使各个生产部门都无法正常运转，生产急剧恶化，导致了德国战时经济的全面崩溃。

欧洲东线苏军进攻德国本土

至1944年年底，苏军已把德军逐出苏联国土，在东普鲁士地域进入德国国境，解放了波兰部分领土和一些东南欧国家。英美军队正向德国西部边境推进。

柏林岌岌可危，1945年4月22日午后，帝国总理府举行了最后一次作战会议。希特勒、凯特尔、约德尔、博尔曼、克雷布斯等出席了会议。

会上，约德尔建议从西线战场撤回全部军队来守卫柏林，希特勒表示同意。

根据这一建议，守卫易北河防线的第十二集团军将奉命回师东进，开赴波茨坦和柏林，以便接应从柏林东南地域突围的德军第九野战集团军。

为了阻止苏军乌克兰第一方面军向柏林的进攻，德军指挥部从格奥尔利茨地域向方面军突击集团的后方实施了反突击。德军集中兵力后，向苏军第五十二和波军第二集团军的左翼实施了突击，至4月23日楔入苏军防区达20千米，但到4月24日日暮时分，法西斯德军的前进被遏止。

4月24日，白俄罗斯第一方面军的近卫第八集团军和近卫第一坦克集团军在柏林东南与乌克兰第一方面军的近卫第三坦克集团军和第二十八集团军会师，并于次日在城西封闭了合围圈；近卫第五集团军则在易北河岸的托尔高地域与美军第一集团军会师。

这样，至4月25日日暮时分，柏林的50万德军集团已被合围并分割成两部分：柏林东南的法兰克福—古宾集团和城区集团，从而为全歼德军集团创造了条件。

鉴于白俄罗斯第一方面军和乌克兰第一方面军成功地实施了包围德军柏林集团的机动，白俄罗斯第二方面军已不必从北面迂回柏林。

因此，4月23日，苏军最高统帅部大本营命令其执行战役的最初方案，即向西和西北方向发展攻势，并以部分兵力从西面对斯德丁实施迂回突击。

白俄罗斯第二方面军主力的进攻从4月20日开始，方面军强渡奥得河后，至4月25日日暮便突破了德军主要防御地带，推进20千米至25千米，牵制了德坦克集团军，使之无法由北向合围柏林的苏军实施反突击。

鉴于法兰克福—古宾德军集团力图向西突围与第十二集团军会合，乌克兰第一方面军司令员命令第二十八集团军和近卫第三集团军的一部兵力转入防御。这些部队在德军可能突围的路线上准备了三道防御地带，布下地雷，筑起坚固的工事，其余集团军则实施向心突击，消灭被围德军集团。

德军利用密林在狭窄地段集中了5个师，拼凑起较大的兵力优势。

4月26日晨，德军向苏军第二十八、近卫第三集团军的接合部实施了突击，突破了仓促构筑的防御。苏军坦克和步兵兵团在航空兵支援下连续实施

二战中的苏军士兵

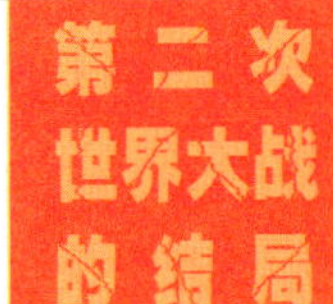

反击，分割并歼灭了突入之德军。

近卫坦克第四集团军和第十三集团军的部分兵力也顺利地粉碎了德军第十二集团军为接应法兰克福集团而实施的突击。

4月26至28日，白俄罗斯第一方面军各集团军不断紧缩合围圈，德军面临被全歼的威胁。

4月29日凌晨，德军在付出重大代价后从两个方面军的接合部突破了苏军主要防御地带。当天下午，近45000名德军在第二十八集团军近卫第三步兵军的防御地段，突破了防线，打通了约两千米宽的走廊，并穿过走廊向卢肯瓦尔德撤退。

与此同时，德军第十二集团军也从西面向这一方面发起冲击，从而出现两个德军集团可能会合的危险局面。但到日暮前，苏军以坚决的行动终于阻挡了德军的前进，并把德军分割、合围在三个独立的地域。

4月30日，战斗更趋激烈。德军不惜代价继续突围，一天之内向西推进了10千米。日暮时，突围部队大部被歼。但是，另一股德军约20000人于4月30日夜间终于在苏军第十三集团军和近卫第四坦克集团军的接合部突围，并前出到伯利兹地域，距离德军第十二集团军仅三、四千米。

在空军第二集团军的支援下，苏军两个方面军实施了坚决的突击，至5月1日日暮便消灭了法兰克福—古宾德军集团，致使德军统帅部为柏林解围的所有希望都成了泡影。

苏军共俘虏德军官兵12万人，缴获坦克和强击火炮300余辆、火炮1500余门、汽车17000余辆和其他各种军用物资。德军被击毙的就有60000人。只有零星的几股德军钻进森林向西逃窜。

德军第十二集团军部分未被击溃的部队，通过美军架设的桥梁逃到易北河对岸，在那里向美军投降。

在德累斯顿方向，德军指挥部并未放弃在鲍岑地域突破苏军防线并迂回到乌克兰第一方面军突击集团后方的企图。调整部署后，于4月26日晨以4个师的兵力发起进攻，但损失惨重，未达预期目的。

德军的进攻被苏军挡住。双方激战一直持续至4月30日，该方向的德军已无力再次发动进攻，被迫转为守势。

这样，苏军通过顽强而积极的防御，不仅粉碎了德军迂回到乌克兰第一方面军突击集团后方的企图，而且占领了迈森到里萨地域的易北河沿岸登陆场，这些登陆场后来成为突击布拉格的有利出发阵地。

这时，柏林的战斗已达高潮。被围的柏林卫戍部队共有官兵30万人、3000门火炮、250辆坦克。

4月25日日暮前，德军退却至整个首都市区和郊区，面积总共325平方千米。柏林东郊和东南郊的防御最为坚固，大街小巷里牢固的街垒纵横交织。

一切东西，甚至连炸毁的房屋在内都被用作防御工事。防空掩蔽部、地铁车站和隧道、地下排水道等大量地下建筑也都被用作防御工事。德军还使用钢筋水泥建造了许多坚固的库房。此外，还建造有大批钢筋水泥碉堡。

4月25日和26日凌晨，苏军航空兵第十六和第十八集团军共出动飞机2049架次，对柏林军事目标实施了3次密集突击。

4月26日晨，白俄罗斯第一方面军的4个合成集团军和两个坦克集团军，以及乌克兰第一方面军的两个坦克集团军和一个步兵军向柏林发起强攻，对市中心实施了向心突击。

至4月26日日暮，被围德军集团已被分割成两部分：大部分在柏林，小部分在波茨坦。

次日，波茨坦之德军被歼，柏林的德军被逼退到一个宽两三千米、东西长16千米的地带。

4月28日日暮，被围集团又被分割为三部分。城防司令主张向西突围，而希特勒眼看突围不会成功，遂下令死守。市中心的战斗异常激烈。

4月29日，夺取帝国大厦的战斗打响。经反复冲击，步兵第一七一、第一五零师各分队于4月30日傍晚冲进大厦。5月1日晨，苏军士兵把胜利的旗帜插上国会大厦的楼顶。

法西斯头目惊慌失措，德军指挥瘫痪，柏林德军集团陷入绝境。至5月2

日15时，德军抵抗完全停止。

仅在这一天，苏军就俘虏德军官兵13.5万名，企图向西突围的个别独立集群到5月5日被歼于城郊。

5月3日至8日，白俄罗斯第一方面军一面消灭各个孤立的德军集群，一面向易北河推进。乌克兰第一方面军开始解放捷克斯洛伐克。

至5月2日日暮前，白俄罗斯第二方面军前出到波罗的海沿岸，第二天在维斯瓦、易北河一线与英军第二集团军建立了联系。在战役结束阶段，该方面军与红旗波罗的海舰队协同，在舰队航空兵支援下沿海岸进攻。

在攻占斯维讷明德海军基地的作战中，舰队与突击第二集团军保持了密切协同。登陆兵也顺利完成了在丹麦波恩荷尔姆岛登陆的任务，俘守军12000人。

1945年5月8日深夜，德国最高统帅部代表在柏林卡尔斯霍斯特苏军司令部举行了一次无条件投降签字仪式。

苏联元帅朱可夫主持仪式，同盟国最高统帅部的代表英国空军上将泰德、美国战略空军司令斯巴兹、法军总司令塔西尼参加了仪式。德军代表凯特尔等人在德国无条件投降书上签字。投降书从1945年5月9日零时生效。

欧洲战争到此结束。

柏林战役结束后，对粉碎继续在捷克斯洛伐克境内顽抗的德国集团，形成了极为有利的军事政治形势。科涅夫元帅指挥的乌克兰第一方面军以中央各集团军前出至德累斯顿以北及其东北后，对德军中央集团军群左翼实施了深远包围。

5月1日至5日，捷克斯洛伐克各地爆发了人民起义。5月5日晨，布拉格也爆发了人民起义。

德军统帅部调遣中央集团军群重兵镇压首都起义。起义者的处境极其困难，他们向苏军和盟军统帅部求援。为了支援布拉格劳动人民的起义，会议要求在最短期限内粉碎仍在抵抗的德军集团。

救援布拉格劳动人民起义的战斗是于5月6日打响的。

5月6日晨，乌克兰第一方面军突击集团在进攻地带进行了战斗侦察，发现在这个方向上的德军防御并不严密，而且在一些地段上德军正在向南撤退。

方面军司令员果断下定决心，直接投入主要兵力，在一些地带同时投入诸兵种合成集团军和坦克集团军，利用德军在一些地段撤退之机转入追击，迅猛地发展先头部队的战果。

当天下午，在短暂而猛烈的炮火打击之后，担任方面军右翼的第十三集团军、近卫第三集团军的主力，以及在该地带作战的第二十五坦克军、近卫第四坦克军和近卫第三、第四坦克集团军的兵团立即投入进攻。

黄昏时分，近卫第五集团军也投入战斗。近卫第四坦克集团军和第十三集团军的进攻最为顺利，5月6日日暮时，已推进23千米。有40000多兵力的布雷斯劳卫戍部队在走投无路的情况下向乌克兰第二方面军第六集团军投降。

苏军的战斗行动昼夜不停。突击集团的进攻速度在继续加快。至5月7日日暮时，近卫第四坦克集团军和第十三集团军又推进了45千米，前出到鲁德茨山脉的北坡。

近卫第三集团军占领了迈森市，近卫第三、第五坦克集团军则开始攻打德累斯顿。

这时，布拉格起义者的处境严重恶化，德军已开进市中心，残酷杀害无辜。保卫布拉格的起义者急需武器弹药，而混在起义者中间的资产阶级分子开始动摇不定，有的甚至倾向于投敌，不少前捷克斯洛伐克军官接二连三地离开街垒。这种局势要求苏军尽快支援起义者，并切断中央集团军群西撤之路。

5月7日，有些集团军此时尚未全部集中到新的地域，乌克兰第一方面军左翼和中路部队——波兰第二集团军，第二十八、第五十二、第三十一、第五十九集团军就开始了进攻，进展顺利。

5月8日，苏军攻占德累斯顿，波兰第二集团军占领了包岑，第五十二集团军占领了格尔利茨。方面军右翼各集团军解放了特普利开、比利纳、莫斯

特等城市。

乌克兰第二方面军所属部队，5月7日开始进攻布拉格。在30分钟炮火打击后，近卫第七集团军的兵团突破了正面25千米的德军防线，到日暮时，向纵深推进了12千米。

为了不断增强乌克兰第二方面军的突击力，近卫第六坦克集团军奉命调至近卫第七集团军的地带作战，在其左翼作战的是近卫第九集团军。第四十六集团军也在维也纳北面重新发起进攻。到日暮时，坦克部队推进50余千米，占领了亚罗梅日采市，并且逼近伊赫拉瓦。

乌克兰第四方面军于5月6日至7日继续向奥洛穆茨方向发展进攻，并于5月8日解放该市。该方面军的主力部队第六十、第三十八、近卫第一和第十八集团军，对布拉格发起进攻。

5月9日晨，乌克兰第四方面军与乌克兰第二方面军部队会合。

空军第八和第五集团军有力地配合了乌克兰第四和第二方面军的进攻作战行动。为了支援乌克兰第二方面军，乌克兰第三方面军航空兵第十七集团军也投入了战斗。

左翼部队推进了40千米，于鲁德茨地域粉碎了德军的抵抗，进入捷境内作战。各坦克集团军先头部队开到离布拉格七八十千米的地方。

战斗中，近卫第四坦克集团军的坦克手们摧毁了正从亚罗梅日采向美军占领的卡罗维发利转移的肖纳尔司令部，中央集团军群的指挥系统陷于瘫痪状态。

近卫第三、第五集团军在近卫第三坦克集团军协同下，在波兰第二集团军配合下，于5月8日日暮时完全占领了德累斯顿市，并在该市市郊法西斯匪徒的巢穴中发现并抢救出大批艺术珍品。

乌克兰第一方面军中路和左翼部队，转入追击整个进攻地带内开始后撤的逃敌。航空兵第二集团军仅5月8日这一天即出动飞机2800架次，有力地支援了地面进攻部队的作战行动。

5月8日黄昏时分，广播了苏军司令部敦促法西斯德军无条件投降书，勒

令他们于23时前放下武器。

但是，中央集团军群指挥部却毫无反应。正如在奥洛穆茨地域被俘的德军坦克第一集团军的俘虏们后来所证实的，这一天德军指挥部虽已向德军宣布德国投降的消息，但马上又颁布了德军务必抓紧西撤以便向美军投降、拒不向苏军投降的指示：

要尽可能地继续同苏军对抗下去，因为只有这样，人数众多的德军部队才能赢得时间向西突围。

由此可见，德军决不肯自动放下屠刀，布拉格市内形势仍然异常复杂。

5月8日白天，德军指挥部竟居心叵测地提出同意解除自己部队武装的先决条件是，要允许他们不受干扰地西撤。而捷克民族委员会由于内部资产阶级代表的坚持竟做出丧失原则的这一让步。

不仅如此，德军还得寸进尺地提出，只有在他们到达同美军的分界线时才交出轻武器的无理要求，而捷克民族委员会竟也再次表示同意。傍晚，德部分部队开始西撤，与此同时，党卫军部队却继续残酷地杀害城市居民。

5月8日夜间，乌克兰第一方面军所属近卫第三、第四坦克集团军挺进80千米。

5月9日黎明时分，其先遣部队从行进间冲进布拉格。接着，该方面军近卫第三集团军和第十三集团军的先遣部队相继进入该市。同一日，乌克兰第二、第四方面军的快速集群，以及乌克兰第四方面军第三十八集团军快速集群的先遣支队也进入了布拉格，捷独立坦克第一旅的坦克兵在该集团军快速集群编成内参加战斗。

5月9日，苏军在爆发起义的布拉格各战斗队的积极支援下，完全解放了捷克斯洛伐克首都。

5月10日，苏军继续在所有方向上迅猛发展进攻。乌克兰第一方面军一天之内即推进40千米，俘获德军官兵约80000人。在德累斯顿、施特里高、格尔

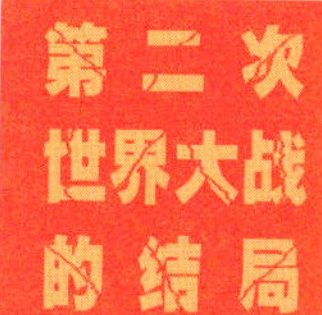

利茨、利贝雷茨的机场缴获德机272架。

近卫第一骑兵军在开姆尼茨地域、近卫第四坦克集团军一部在罗基察尼地域分别与美军会合。近卫第四坦克集团军基本兵力向布拉格以南推进，前出至贝内绍夫地域，与乌克兰第二方面军近卫第六坦克集团军会合。

乌克兰第二方面军左翼在发展进攻中于皮塞克地域和捷克布杰约维采地域与美军部队会师。

除奥斯特马克集团军群在该集团两翼行动的几个师得以逃至美军作战区以外，苏军几乎合围了捷境内所有德军集团。被围德军在突围西逃绝望后，被迫缴械投降。

5月10日至11日，德军大部被俘。在歼灭被围集团的同时，乌克兰第一、第二方面军在与美军第三集团军会师前继续西进。5月11日，其所属部队在乌克兰第一方面军地带卡罗维发利地域和克拉托维地域与美军部队会师。

布拉格战役是苏联武装力量对德战争中的最后一个战役。乌克兰第一、第四、第二方面军俘德军官兵约86万人，其中包括60名将军。

德国政府无条件投降

苏联、美国、英国三国首脑斯大林、罗斯福和丘吉尔在雅尔塔会议上，顺利达成了关于强制实行法西斯德国无条件投降，彻底根除法西斯制度，以防止军国主义复活，再次威胁欧洲安全的协议。

1945年年初，盟军粉碎希特勒发动的阿登战役之后，正准备强渡莱茵河，向德国腹地推进。这时，德国法西斯统治集团试图与美、英单独媾和，以集中残余力量与苏军死拼到底，甚至企图挑起美、英与苏联之间的冲突，从中渔利。

3月12日，苏联莫洛托夫通知美国、英国驻苏大使哈里曼和凯尔，提出苏联政府要派代表参加关于德军在意大利北部投降事宜的谈判。

遭到拒绝后，莫洛托夫于3月16日致函哈里曼和凯尔，坚决要求美、英领导人立即停止同希特勒德国代表谈判，摒弃今后同纳粹德国单独谈判的一切可能。

1945年4月中旬至5月上旬，苏军正实施柏林战役，德国法西斯的灭亡之日即将来临，但希特勒等法西斯元凶们仍幻想能避免无条件投降。

4月12日下午，美国总统罗斯福在美国佐治亚州温泉病逝。消息传到柏林，希特勒和他的宣传部长戈培尔等人一时欣喜若狂。

4月16日，希特勒发表告德国全体军人书，宣称美国总统的逝世将会扭转世界大战的进程，上帝要拯救第三帝国等。与此同时，希特勒把59个师的兵力用于西线同盟军作战，而把21个师和14个旅的兵力用于苏德战场，竭尽全力固守柏林，妄图以此拖延战争，幻想能单独同美、英媾和。

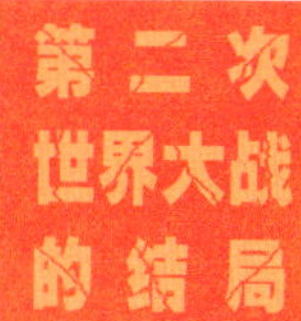

然而，希特勒的希望终成泡影。

美、英、法军队在西线展开了攻势，苏军正顺利进军柏林。德国法西斯的灭亡指日可待。

4月20日，苏军不但突破了德军柏林市远郊防御圈，攻入近郊防御圈，还开始向市区防御圈发起进攻。柏林成了一座战火熊熊、炮声轰鸣、风雨飘摇的孤城。德国法西斯统治集团惊慌失措。

20日夜，戈林和希姆莱在为希特勒祝贺了56岁生日之后，便匆忙地离开了柏林，他们两人认为希特勒的末日即将到来，企图通过同美、英的老关系来实现单独媾和，他们分别进行活动。

4月23日，戈林从上萨尔茨堡致电希特勒，要求宣布1941年6月29日希特勒任命他为继承人的命令开始生效，以便他接管德国的全部领导权。

希特勒接到电报后，火冒三丈，立即下令撤销戈林的一切职务和头衔，

柏林市政厅

逮捕戈林及其同伙，而戈林还指望次日能乘飞机去拜见艾森豪威尔，并提出西线停火、东线继续同苏军作战的建议。但是，几天之后，戈林在上萨尔茨堡成了美军的俘虏。

希姆莱于4月23日在卢卑克的瑞典大使馆会见了瑞典红十字会副会长贝纳多特伯爵，希望通过他与西方盟军最高统帅艾森豪威尔联系，表示德国愿意向美、英投降，而对苏军继续抵抗下去。

4月26日，美、苏、英三国政府完全否定了希姆莱的建议，并同时在报上披露了伯纳多特的谈话内容。希特勒得知希姆莱逃离大本营后，立即下令将他开除出党，并电令邓尼兹逮捕希姆莱。5月21日，希姆莱被英军所俘。两天后，希姆莱咬破氰化钾服毒自杀。

4月27日，苏军攻入柏林市中心区，遂将市内德军分割成三部分，并从四面八方逼近帝国总理府和国会大厦。但希特勒大本营仍在垂死挣扎。

4月29日，躲在总统府地下避弹室的希特勒眼见大势已去，末日即将到来，便同伴随他13年的情妇爱娃·布劳恩举行了婚礼，随后口授遗嘱。

希特勒在遗嘱中竭力为自己开脱发动侵略战争的罪行，胡诌这场大战“完全是那些犹太血统或为犹太人的利益服务的国际政客所需要和煽动的”，叫嚷要重建“民族社会主义”，并任命海军元帅邓尼兹为德意志帝国总统和武装部队最高统帅，戈培尔为总理，肖奈尔为陆军总司令。

4月30日15时30分，希特勒在避弹室的私人房间里开枪自杀，结束了罪恶的一生，爱娃·布劳恩同时服毒身亡。

5月1日下午，戈培尔夫妇在毒死了自己的6个孩子后，命令卫兵开枪将他俩打死。柏林战役结束后，新组成的邓尼兹法西斯内阁和分散在其他地区的德军残部仍在同盟军对抗。

5月1日，邓尼兹政府广播了告德国军民书，表示仍要继续顽抗下去。与此同时，又派出代表与苏军联络，要求苏联同意邓尼兹成立新政府后同各大国进行“和平谈判”，企图在保证法西斯政权和军队的前提下结束战争。

在遭到苏联方面的严词拒绝后，邓尼兹转而向西方盟国谋求单独投降。

5月2日，新任德国海军总司令汉斯·弗雷德堡上将同英军蒙哥马利元帅举行会谈。

5月4日，达成在荷兰、德国西北部、石勒苏益格—荷尔斯泰因地区以及丹麦的全部德军向英军投降的协议。

5月5日，美军雅各布·德弗斯上将接受了德军在巴伐利亚和奥地利西部的G集团军群，包括在福耳贝克和蒂罗尔地区德军第十九集团军在内的部队的投降。同日，弗雷德堡奉邓尼兹的旨意来到艾森豪威尔的盟军总部联络，正式向盟军司令部提出南部地域德国军队单独投降的问题。

艾森豪威尔深知：

西方盟军单方面接受德军投降，违背了雅尔塔会议精神，不利于与苏联的团结，美国政府急需尽快从军事上击败法西斯德国的最后一个盟国——军国主义日本。而要击败日本，没有苏军的积极参战，美军尚需苦战一年半和付出100万人的伤亡代价。

因此，艾森豪威尔通知约德尔：如果不立即签订所有战场无条件全面投降书，谈判就立即结束，美军将恢复空战，并且“不许任何单独投降的人员进入”美、英军队的战线。否则，“我将封锁整个盟军战线，并用武力阻止任何德国难民进入我们的防线，我不容许进一步的拖延”。

邓尼兹政府被迫同意无条件向盟国投降。

德国法西斯的败降，是苏、美、英等反法西斯同盟国经受无数苦难、遭受巨大牺牲、团结奋战取得的伟大胜利。德国人民也“从可诅咒的希特勒国家中解救出来”。

战胜德国法西斯是一件具有世界历史意义的大事，它对现代史发展的整个进程产生了深远的影响。

美、英、中发表《波茨坦公告》

德国法西斯灭亡、欧战结束后，世界反法西斯战争进入最后阶段。

在亚洲、太平洋战场，盟军已占领琉球岛和冲绳岛，并在亚洲大陆各战场发起了反攻，对日本法西斯的作战即将取得最后胜利。

此时，在主要同盟国苏联与美、英之间，美、英、法三国之间，原已存在的矛盾日益表面化，而且出现了一系列新的矛盾。

而如何分享战争的胜利果实，如何使世界和平的安排对自己有利等问题，成了美国、英国和苏联几个大国特别关注的问题，迫切需要主要同盟国首脑再次聚会协商，予以适当调整和解决。

为此，苏、美、英三国政府首脑斯大林、杜鲁门和丘吉尔以及三国的外长、参谋长和顾问等，于1945年7月17日至8月2日，在德国柏林西南的波茨坦举行会议，就一些共同关心和面临的重大问题进行协商。

这是第二次世界大战爆发以来的第三次三国首脑会议，即波茨坦会议，又称“柏林会议”。

罗斯福已于4月12日因脑出血逝世，杜鲁门第一次代表美国参加会议。

会议进行期间正值英国大选，因此，丘吉尔于7月25日返回英国等候大选结果。由于英国保守党在大选中失败，丘吉尔下台，新任英国工党首相艾德礼偕新外长贝文于7月28日参加了最后几天的会议。

会议通过了两个主要文件，一是《波茨坦会议公报》；二是《波茨坦会议议定书》。

两个文件都由斯大林、杜鲁门和艾德礼分别代表苏、美、英三国政府签

署。

当时只发表了包括14项内容的公报。议定书则有21项，内容比公报多。

此外，会议期间还发表了《美中英三国促令日本投降之波茨坦公告》。

三国政府首脑就成立苏、美、英、中、法五国外长会议进行缔结和约的准备工作、在盟国管制期关于处置德国的政治及经济原则、德国的赔偿、德国舰队和商船的处置；对待意大利和罗马尼亚、保加利亚、匈牙利、芬兰的政策；波兰西部疆界，控制黑海海峡，柯尼斯堡地区的归属问题，以及对战败国某些领土的“委任统治权”等，都载明在三国政府首脑的《波茨坦会议议定书》里。

波茨坦会址

8月1日签署的这个议定书是苏、美、英三国在波茨坦会议期间达成协议的最后结果，为战后处置德国和欧洲问题打下了初步基础。

波茨坦会议还着重讨论了结束对日作战的条件和有关对日本的战后处置方针问题。

在日本投降条件问题上，美国政府存在两种不同意见。一派主张对日采取强硬态度，要求总统以原子弹作为对日本军事行动的基础；一派主张放弃无条件投降要求。

本来，美方估计彻底打败日军要牺牲100万人，美军要到1945年11月在九州登陆；如果失利，要到1946年春才能在本州登陆；美军仍至少牺牲30万人，而且基点是苏军在美军进入日本本土前参战，以牵制关东军；如果关东军能撤回日本，美军伤亡将会增加更多。因此，杜鲁门直言不讳：

> 我去波茨坦有很多原因。但是，在我的思想里，最迫切的是得到斯大林个人重申参加对日作战的决心，这是我们的军事领袖最急于要得到的。

德国法西斯投降后，太平洋战局对盟国越来越有利，力主对日本放弃无条件投降要求的美国副国务卿格鲁，于1945年5月下旬向杜鲁门总统及陆军参谋长马歇尔、陆军部长史汀生和海军部长福雷斯特尔，递交了一份备忘录。其意是在苏联对日作战前，向日本政府提出一项和平解决办法。

具体而言，就是让日本人得到某种暗示，在日本投降之后，日本国将被允许自己治理自己。

6月13日，杜鲁门政府在白宫举行会议，再次讨论对日战略，确定以不明显的方式修改日本无条件投降的原则，企图用这一“妥协”诱使日本早日投降。

最后，杜鲁门采纳了国务卿贝尔纳斯等人的主张，决定在发表的《波茨坦公告》中不涉及日本天皇制问题，这就暗示美国政府有保留日本天皇制的

意向。

《波茨坦公告》的文本是美国国务院起草的，在讲到战后日本政体时，原文曾写有“可以包括现今皇统之下的立宪君主制”，但在《波茨坦公告》发表时被删去了。

1945年7月26日，美、英、中三国正式发表了《波茨坦公告》，敦促日本法西斯立即投降。

8月8日，苏联对日宣战，也正式加入公告。

《波茨坦公告》表达了反法西斯各国政府和人民团结协力、彻底打败日本帝国主义者、夺取世界反法西斯战争最后胜利的坚定信心，对日暮途穷的日本法西斯是一个沉重打击。

胜利反攻

第二次世界大战的结局

日本无条件投降

1945年8月15日，距离德国法西斯灭亡仅仅3个月，日本法西斯便被中国和世界各国人民押上了历史的审判台。9月2日上午9时，在停泊于东京湾的美国战列舰密苏里号上，日本新任外相重光葵代表日本天皇和政府、陆军参谋长梅津美治郎代表帝国大本营在投降书上签字。 9月9日上午，中国战区受降仪式在南京国民政府中央军校大礼堂举行。

美国陆战部队夺取硫磺岛

1944年10月13日，美参谋长联席会议发出指令，在结束菲律宾群岛的战役后，预定1945年1月在小笠原群岛至硫磺群岛一线占领一至数处；在3月占领硫磺群岛一至数处，为在日本本土登陆创造条件。

此外，美军在北太平洋方向还不断地对千岛群岛的日军基地实施航空火力袭击，从北方牵制日军。

1945年年初，在盟军控制了菲律宾群岛大部后，日军在太平洋战场的处境急剧恶化。

为了挽救败局，日本最高战争指导会议和日本大本营陆海军部相继发布了“帝国陆海军作战计划大纲”和“决战非常措施纲要”，提出要最大限度地从中国和南方资源地获取战略物资；在国内要不惜一切手段加快重要军事物资的生产。

同时，确定下一步的作战重点是挫败美军继续向日本本土的逼近，确保中国的台湾、小笠原群岛和南千岛群岛等日本本土前岛屿的安全，为日本本土的防御创造条件。

日本大本营要求陆海军在上述岛屿的作战中，以持久作战拖住美军，消耗其实力。

与此同时，在外交上日本开始与苏联接触，企图使苏联不参加对日作战，同时企图通过苏联的外交斡旋寻求与盟军妥协的可能性。

自1944年6月底至1945年2月上旬，美军凭借其强大的海空力量，对硫磺岛进行了长达6个月的火力袭击。

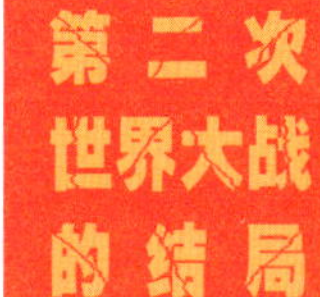

在登陆的前3天，美航母特混编队还对日本本州及东京进行了空袭，主要突击目标为机场、海军基地和其他重要的军事目标，以达到孤立硫磺岛的目的。

与此同时，美海军出动32艘潜艇，进行了海上封锁，从而使硫磺岛完全处于孤立状态。

在美航空母舰编队空袭日本本土的同时，2月16日、17日和18日，美海军的两栖支援编队和舰炮掩护队还对硫磺岛的滩岸和纵深防御阵地进行了舰炮火力打击。

在美军登陆的当天，美海军开始登陆前的直接火力打击。

参加直接火力打击的有：战列舰7艘、重巡洋舰4艘、轻巡洋舰3艘和驱逐舰10艘。

同时，舰载机也用火箭、炸弹和凝固汽油弹实施了航空火力准备。此次火力打击共持续32小时20分钟，发射炮弹和投掷炸弹38000余发。

据统计，在登陆前进行的预先火力打击和直接火力打击中，美军共消耗炸弹、炮弹24000余吨，硫磺岛上平均每平方千米落弹1200余吨。

但是，由于日军的工事构筑隐蔽，深入地下，美军火力打击的效果并不明显。据美军自己估算，原先准备通过火力摧毁硫磺岛上914个目标，但实际只破坏了其中的194个。

2月19日上午9时，作为第五陆战军第一梯队的第四、第五陆战师在硫磺岛东部岸滩实施登陆。

整个突击登陆的过程几乎按原计划进行，十分顺利。但由于大量美军拥挤滩头，加之遭到隐蔽工事中日军的反击，从而影响了美军后续部队的登陆速度。

美军第一梯队上陆后，第五陆战师分兵进攻折钵山和一号机场。第四陆战师派遣部分兵力向一号机场进攻，另一部沿海岸向北发展进攻。

至2月19日日终，美军约33000人上陆，切断了折钵山与其他地区的联系，并占领了宽3600米，纵深北面为630米、南面为990米的狭小登陆场。

1945 IWO JIMA OKINAWA KOREA 1950
REVOLUTIONARY WAR 1775-1783
UNCOMMON
VALOR
WAS A COMMON
VIRTUE

美军硫磺岛登陆纪念碑

在这个登陆场内，美军拥挤了6个陆战团、6个炮兵营和两个坦克营。当天美军伤亡2400多人。入夜，坚守在各防御工事里的日军乘美军立足未稳，曾多次组织小部队出击和渗透，但均被美军击退。

至2月20日，美军终于占领了一号机场。

登陆美军经过2月21日一天休整后，在航空兵和炮兵的支援下，22日又重新发起了进攻。

24日，美军第二十八陆战团经过苦战攻占了折钵山。24日日暮时，美第四和第五陆战师开始向北进攻，并完成了对二号机场的进攻准备。

当天，作为第二梯队的第三陆战师登陆完毕。

从2月25日起，美军3个陆战师的兵力一线展开向岛的北部进攻，第四陆战师在右，第三陆战师居中，第五陆战师在左。

日军曾多次发起反击，虽一度夺回失地，但因处于明显劣势，最后仍不得不后撤。

3月1日，美军占领了第二号机场。

至3月9日，美军又相继攻占了硫磺岛北部日军正在修建中的第三号机场和两个高地，将日军控制在岛的北端和东北端的狭小地带内。

又经过一周的苦战，3月17日，残余的日军800余人被美军牢牢围困。

3月25日夜，日军守岛司令粟林率残部企图突围，但大部被美军歼灭。

3月26日，美军宣布战役结束，但清剿残余日军的行动一直持续到4月底才结束。

美航母特混编队攻克冲绳岛

美军在占领硫磺岛后，计划从日本本土西南突破其内防御圈，以完成北起阿留申群岛，中经硫磺岛，南至冲绳岛的对日本本土的战略包围态势。

日军在菲律宾群岛失败后，判断美军在进攻日本本土前，必先在冲绳岛及其附近岛屿登陆。

冲绳岛一旦失守，日本本土也将彻底暴露在美军的打击范围之内，因此，冲绳岛成为日本必须确保的最后堡垒。

早在1944年秋，日军第三十二集团军司令官牛岛满中将就根据日本大本营的指示，拟定了确保冲绳岛中部和南部，并在海岸地带与美军进行决战，歼灭登陆美军的作战方针。

3月23日晨，美第五十八航母特混编队突然袭击了冲绳岛，并就此拉开了对冲绳岛实施预先火力准备的序幕。

3月24日至25日，美军第五十八航空母舰编队出动舰载机广泛压制冲绳岛日军的防御设施。

3月28日、29日，再次袭击日本九州地区。美军第五十二特混编队的支援护航航空母舰大队，于3月26日到达冲绳岛附近海区。从3月29日起，美护航航空母舰的舰载机对岛上的读谷和嘉手纳机场实施了袭击。

3月30日和31日，美第五十八航空母舰特混编队又袭击了冲绳岛。3月26日、27日和31日，第五十七特混编队袭击了千岛群岛东部的宫古岛日军机场。

美第五十八特混编队的大型舰只和第五十四特混编队于3月24日至31日

对冲绳岛实施了舰炮预先火力打击和直接火力打击。

在此期间，美军在登陆海区和邻近海区开始了扫雷和水下爆破作业。美军共发现6个水雷场，清除了180多枚水雷，扫清了登陆航道，并清扫海区2500平方海里，为登陆作战创造了有利的条件。

3月26日，美第七十七步兵师第一梯队的5个步兵营，分别在庆良间列岛的阿嘉岛、庆留间岛、外地岛、座间味岛和屋嘉北岛突击登陆。

至3月29日日暮时，美军已全部占领庆良间列岛，并建立起了支援冲绳岛登陆作战的水上飞机基地和舰队停泊及后勤补给基地，完成了冲绳岛登陆作战的第一步。

3月31日，美军的坦克登陆舰和中型登陆舰，输送第四二零野战炮兵群的两个155毫米加农炮营在庆伊濑岛登陆，未遇抵抗即占领全岛。

庆伊濑岛距美军的主要登陆地段羽具歧海滩约18千米，距冲绳岛南部的日军防御重地那霸市约13千米，部署在该岛的155毫米加农炮能有效地控制上述两个地区，有力地支援美军的登陆和陆上作战。至此，美军登陆作战的

美军舰队

第二步也告完成。

在美军夺取登陆海区制空、制海权的过程中，日本海军联合舰队司令长官丰田副武命令于26日实施“天”号作战。

3月28日至31日，日军共出动各种飞机870架次，用于攻击冲绳岛附近海区的美军舰船，但由于日军未能按时完成准备，使“天”号作战丧失了战机。

1945年4月1日8时30分，是美军在冲绳岛的突击登陆时刻。在美军的整个突击登陆过程中，只遇到日军零散的炮火还击，并未遇到任何有力的抵抗，因此进展十分顺利。

从4月5日起，冲绳岛作战已基本转入陆上战斗，日军的抵抗逐渐增强，陆上战斗进入激烈阶段。

日军大本营为了配合岛登陆军的抵抗，4月6日组织了航空兵“菊水作战”和联合舰队“特攻作战”。

4月6日至6月22日，日本海军航空兵共组织了10次“菊水作战”，共出动飞机约3742架次。同时，日军航空兵也频繁地实施了小规模攻击，共出动飞机约4109架次。

美军预先估计到日军可能以陆海军飞机，特别是自杀飞机对冲绳岛海域的美军舰船实施攻击，遂以航空兵控制日本本土和中国台湾的各机场，并以登陆区为中心组织了16个雷达哨位，加强警戒。

日军组织的这次航空兵“菊水作战”共损失飞机2258架。日军报道，击沉、击伤美军舰艇约404艘。

在空中进行自杀性攻击的同时，日本海军联合舰队以残存的海军主力第二舰队组成海上特攻舰队，突击冲绳岛停泊场的美军舰船。

4月6日，该舰队在伊藤整一海军中将率领下，从日本内海出航，经丰后水道南下时被美军潜艇发现。

4月7日晨，经大隅海峡西行时，又被美军侦察机发现。美军第五十八航母特混编队出动300架飞机，于7日12时32分至14时，对该舰队实施了多次攻

击。

结果“大和”号中10枚鱼雷和5颗炸弹后，沉没于九州西南约50海里处，同时被击沉的还有巡洋舰“矢矧号”和驱逐舰4艘。此战后，显赫一时的日本海军已不复存在。

在此期间，美第三陆战军的两个陆战师向冲绳岛北部顺利推进，于4月21日全部占领了该岛北部和伊江岛。

陆军第二十四军的两个师向南进攻，克服了日军的顽强抵抗，于4月24日突破日军在岛上的主防线牧港防线，5月31日突破首里防线，6月22日突破该岛南部的最后一道防线。同一天，日军守岛司令官牛岛满中将和他的参谋长一起剖腹自杀。

尔后，美军在岛上转入肃清残敌的行动。

至6月30日，岛上战斗基本结束。

7月2日，美军正式宣布冲绳岛战役结束。

冲绳岛登陆作战使美军取得了最后进攻日本本土的海、空军基地。但日军在冲绳岛的防御作战，使美军认识到了在日本本土发起登陆作战的艰巨性，拖延了美军进攻日本本土的时间，为日本本土的防御争取了时间。

中国军队向大中城市进军

根据日军中国派遣军的命令，1945年，日军华北方面军除确保现有占领区外，还需要对进攻老河口，对美、苏作战进行准备。

另外，依据中国派遣军下达的《沿海方面对美作战准备纲要》，预定从华北方面军现有9个师中抽7个师调往上海方面，第十二野战补充队改编为独立混成旅调往徐州。

为此，1945年年初开始，日军华北方面军加紧整编部队，充实预定对美作战的部队。为接替预定调出部队的防务，新组建了第三至第七独立警备队。

为在山东半岛准备抗击美军登陆作战，1945年三至四月间，在济南新建第四十三集团军，下辖第五十九师、独立混成第五、第九旅、独立步兵第一旅。

1945年春，日军华北方面军警备兵力约125个营，19万人，另有伪军40余万人。日军兵力明显不足，士气下降，除在山东为准备对美作战而对八路军发动一次较大规模的“扫荡”外，基本处于守势。八路军为执行“扩大解放区，缩小沦陷区”的战略任务，从1945年春开始对日军发动了更大规模的反攻。

八路军山东军区，于1945年1月17日下达1945年作战部署，提出：

1945年山东我军作战主要方向，是求得开辟胶济路东段南北两侧宽大地区，使我胶东、渤海、鲁中、滨海互相联系进一步缩

短和巩固。

而对1944年所开辟之地区，主要争取巩固。

据此，1945年春，山东军区进行了讨伐伪军荣子恒、赵保原及攻击蒙阴等战役。

2月2日，鲁南军区奇袭伪暂编第十军荣子恒部驻守的泗水县城，一举攻入城内，击毙荣子恒及其参谋长和日本顾问，全歼城内守敌。同时，八路军攻克泗水城外围杨庄、杨公村等据点，击退日伪援军。这次战役，八路军共歼敌2000余人。

赵保原，原是国民党鲁苏战区暂编第十二师师长，1944年8月公开投敌，盘踞在胶东胶济铁路以北以玩底为核心的五龙河及大小沽河中游地区。

2月11日夜，胶东军区集中主力5个团又5个营，并动员50000民兵和群众，首先向伪军指挥部驻地玩底发起攻击，至12日夜将其攻克，赵保原率残

八路军战士（雕塑）

部向南窜入即墨。

14日，八路军又攻克另一个重要据点左村。

19日，战役胜利结束。此役共毙伤敌2000余人，俘虏7370余人，击溃2000余人，给予赵部毁灭性打击。

3月8日夜，鲁中军区集中主力4个团和一部分地方武装、民兵，攻击蒙阴县城。至10日，全歼守敌，并歼灭一部由新泰来援之敌。

4、5月份，日军对山东敌后抗日根据地进行了一次大“扫荡”。反“扫荡”结束后，八路军山东军区对日军发动夏季攻势，进行了讨伐伪军厉文礼、张步云、张景月等的战役。

厉文礼是伪“鲁东和平建国军司令”，所部10000余人，盘踞在以潍县、昌乐、安丘为中心的胶济铁路两侧地区。

6月5日黄昏，鲁中军区集中兵力10000余人，发起讨厉战役，先后攻克夏坡、景芝镇等日伪据点60余处，歼灭日伪军7300余人，27日战役胜利结束。此役解放了1700多平方千米的土地，控制了胶济铁路东段南侧的重要地区。

张步云是伪“山东国民自卫军第一集团军总司令兼第一军军长”，所部10000余人，盘踞滨海区北部的诸城地区。

7月15日夜至30日，滨海军区和鲁中军区共集中4个团的兵力，发起讨张战役，攻克相州、双庙、郑公、双羊店、朱马等据点，歼敌5000余人，解放国土2500平方千米，使诸城敌据点更加孤立。

伪第三方面军张景月部盘踞寿光南北地区，掩护胶济铁路，阻断八路军渤海军区与胶东军区之间的联系。

7月31日，渤海军区在胶东军区一部配合下发起讨张战役，主攻寿光以北张部坚固设防的前哨据点田柳庄，至8月12日将其攻克。

尔后乘胜肃清残敌，又攻克据点12处，张景月率残部逃进胶济铁路线上的日军据点内。此役进一步打通了渤海与胶东、鲁中之间的联系。

山东军区部队在重点实施胶济铁路东段作战的同时，对其他地区的日伪军也进行了攻势作战。

5月中旬开始，鲁南军区在鲁中、滨海军区各一部配合下，先后发起临（沂）费（县）边、郯（城）马（头）等战役，共歼日伪军7700余人，收复郯城、邹城、费县等县城，进一步逼近陇海、津浦铁路。

渤海军区从6月上旬开始在小清河以北进行了蒲（台）滨（县）等战役，共歼灭日伪军3400余人，收复蒲台、滨县、南皮、沾化、德平、庆云等6座县城，进一步孤立了日伪在渤海区的中心据点惠民。

在山东军区攻城略地，沉重打击日本侵略者的同时，八路军太行军区，确定1945年作战重点为豫北和平汉铁路沿线。在豫北之温县、孟县至原武、阳武地带，求得在麦收前全部肃清所有日伪势力，使之变为游击根据地或根据地。

在平汉铁路沿线则组织不断的出击，求得摧毁日伪第三道封锁线，迫日伪缩到距平汉线10千米左右的狭窄地区内。此外，相机夺取昔阳、和顺、辽县、陵川等县城，并拔掉其他深入根据地的某些据点。

在作战实施步骤上，第一步着重打击与消灭伪军，同时对出扰的日军予以坚决打击；第二步则相机夺取日伪合守和日军单独守备的薄弱据点。

1月21日至4月1日，太行军区进行了道清战役，歼灭日伪军2500余人，收复国土2000余平方千米，解放人口75万。经过此次近3个月的辗转进击，黄河以北、道清铁路以南除平汉铁路和原武、阳武、温县、孟县城外，全在八路军掌握之中。

6月30日，太行军区集中主力9个团，另有民兵、自卫队员3万余人，发起安阳战役。安阳城由日军独立混成第一旅两个连驻守，外围据点由伪剿共第一路军李英部驻守，共约7000人。

太行军区的目标是攻击平汉路以西、观台以南、鹤壁以北地区的伪李英部，争取彻底歼灭与肃清该伪军及所在地的少量日军，解放与巩固这一地区。

至7月10日，战役胜利结束，共毙伤日伪军800余人，俘虏及反正、投诚日伪军2500余人，击溃伪军900余人，攻克据点30余处，扩大解放区1500余平

方千米，解放人口35万，迫使日伪军进一步向平汉线退缩。

另外，八路军太岳军区在1945年春夏季攻势中，主要进行了豫北战役和同蒲线南段战役。

太岳区以南的豫北沁阳、孟县、济源地区，有日伪据点50余处，兵力6000余人。

4月4日至月底，太岳军区发起豫北战役，攻克据点40余处，歼灭日伪军2800余人，反正与投诚的日伪军1700余人，打开了豫北局面，肃清了豫北沁孟公路以西除济源、柏香镇、治戍镇外的所有日伪军。

为打开中条山西部地区的局面，5月下旬至6月中旬，太岳军区主力部队南下，进行同蒲路南段战役，彻底瓦解了张同文部等伪军、土匪部队，使祁（家河）夏（县）公路以南八路军控制的地区与太岳军区第五军分区中心区完全连成一片。

与此同时，八路军冀鲁豫军区在1945年春夏季攻势中，发动了南乐、东平、阳谷等战役，共收复县城19座，攻克据点240处，解放人口250余万。

八路军晋察冀军区，于1945年2月28日确定了《1945年扩大解放区方案》，确定1945年主要是开辟雁北、察南、绥东、热河、子牙河东、大清河北和津浦路东地区。

冀中军区从4月中旬到7月底，连续举行了任河、文新、安饶、子牙河东、大清河北等战役，攻克任丘、河间、文安、新镇、饶阳、安平、武强、大城、献县、交河等县城，共作战2700余次，歼灭日伪军2.8万余人，拔除据点碉堡790余处，收复县城15座，解放人口500余万，扩大解放区面积13.5万余平方千米。

至7月末，晋察冀军区八路军发展到11万余人，民兵数十万人。

同处华北地区的八路军晋绥军区，在从1945年2月17日至4月25日的春季攻势中，毙伤日伪军1590人，俘虏和瓦解日伪军810人，收复了方山、岚县、五寨3座县城和其他据点54处以及离岚、五三公路。

6月中旬，晋绥军区发动夏季攻势，力求排除静乐及其周围据点，争取占领忻静公路西段，挤掉神池至义井之敌，把日伪逼到同蒲路沿线。

为夺取忻静公路西段，晋绥军区指示第六、第八军分区在忻静公路以南共同组成临时指挥部，统一指挥两区部队向忻静线进攻，并以第一军分区和第六军分区各一部，分别由静乐以西和静乐以北向静乐推进。

6月19日，八路军开始围困静乐县城，同时对静乐外围和忻静公路两侧的日伪展开攻击，先后袭击静乐以东的石河村、利润，静乐以南的丰润，静乐以北的宁化堡等日伪据点，伏击运动的日伪；小部队、武工队、民兵亦积极活动，先后炸毁桥梁20余座，击毁汽车多辆。

为挤退神池至义井之日伪，第二军分区以一部围困义井之敌，以一部结合武工队、民兵在神义公路线上以地雷战和伏击战的战法打击敌人。

7月2日在洪福寺、7月24日在凤凰山伏击日伪军，歼敌一部，在八路军的打击下，神义线上之日伪，补给困难，交通瘫痪，惶惶不可终日。

与华北八路军取得的抗日成果相比，华中和华南的新四军在敌后取得的成绩同样令人瞩目。

至1945年春，新四军苏北军区已将苏北日伪军分割孤立于阜宁、盐城、淮安、淮阴、涟水、沭阳6个县城和新安镇等几个主要据点。

3月至4月间，日军为增强长江下游防务，再次收缩兵力，将阜宁等地日军先后撤走，改由伪军单独守备。阜宁城及城北各据点共有伪军5个团，3400人。

4月24日至26日，苏北军区集中第八旅全部、第十旅主力和师特务团及5个县独立团共11个团的兵力，发起阜宁战役，共毙伤伪军339人，俘伪副师长以下2073人，攻克阜宁县城及其外围据点22处，解放村镇560余处，控制了通榆公路中段，扩大了苏北解放区。

新四军苏中军区主力5个团南下苏浙皖边之后，1945年2月至5月，苏中军区全面展开扩军运动，除主力得到补充外，各县还组建了新的独立团或警卫团。

全苏中仍保持兵力27000余人，为策应淮南、淮北军区反“扫荡”，2月

22日，苏中军区第一旅突袭高邮、宝应、兴化、盐城之间水荡之中的沙沟、崔垛日伪据点，一举将其攻克，毙俘伪副团长以下900余人，把兴高宝地区2400平方千米水网地带的抗日根据地连成一片。

4月下旬，苏中军区侦悉伪第五集团军独立团由日军两个连护送，将由宝应经高邮再往东经三垛、河口调往兴化以南的周家庄。

苏中军区迅速调集部队，组成河南、河北两个纵队，沿北澄子河三垛至河口的河道两侧，设置了3.5千米长的预伏地带。

28日中午，日伪军进入预伏地带，新四军发起猛烈攻击，经4小时激战，全歼日伪军1800余人。

在苏北、苏中新四军痛歼日伪军，扩大根据地的同时，新四军淮北、淮南军区方面，从2月上旬起，日军为控制淮河下游与三河水上交通，先后占领了天长以北的龙冈、金沟、蒋坝，五河以东的双沟、浮山，以及淮阴以南的顺河集等地。在作战过程中，新四军淮北、淮南军区部队相互配合，积极打击进犯之日伪。至4月中旬，日伪军被迫放弃打通淮河、三河交通的企图，从蒋坝、金沟、浮山等地向高邮、五河撤退。这期间，仅淮南军区即进行战斗24次，毙伤日伪军260人，生俘日军4人、伪军525人；淮南军区伤52人，亡32人。

淮北军区从4月15日开始，对洋（河）众（兴）、固（镇）灵（璧）和泗（县）灵（璧）等公路展开破袭战，尔后向北进击灵璧、睢宁之间的日伪军，同时围攻涡阳、永城地区之日伪军据点。

在近一个月的时间里，淮北军区共歼日伪3000余人，攻克泗县县城及大店、丘集、虞姬墓等据点21处，使睢宁等地之日伪进一步孤立。

在苏淮新四军逐步扩大根据地，解放被占领土之际，新四军皖江军区方面，则执行华中局关于今后主要是向江南发展的指示，向南挺进得到较大发展。

3月，皖南专员公署和铜陵县、繁昌县抗日民主政府成立，铜陵、繁昌、芜湖、宣城抗日游击区基本连成一片。1945年春，中共东至县委成立，从贵

池、东流、至德直至江西省彭泽的抗日游击区基本连成一片，第七师沿江支队经彭泽再次打通了与新四军第五师鄂东部队的联系。

4月，新四军第三师独立旅由旅长率领从苏北南下，归第七师指挥。

6月20日，第七师以沿江支队独立团、白湖团与“巢大”团为基础，重新组建第十九旅，林维先任旅长，黄火星任政委。

7月25日，第十九旅第五十六团对巢湖南岸巢（县）盛（家桥）公路沿线日伪军据点发起攻击，经一昼夜激战，连克散兵、长岗井、盛家桥等据点，歼灭日伪军600余人。

与此同时，新四军鄂豫皖湘赣军区（第五师），于2月初确定：

> 五师地区的任务以发展为主，同时照顾原有地区之巩固工作。发展以南方(鄂南)为主。

为了向南发展，第五师张体学部两个团配合八路军南下支队进军湘鄂赣边，一起创建湘鄂赣边根据地。八路军南下支队南下湘南、粤北后，张体学部继续坚持鄂南、湘北斗争。

边区党委指示第三军分区以襄南洪湖为依托，首先以桃花山根据地为基点继续向南发展，创立以洞庭湖为中心的湘北鄂西根据地，并逐步与湘鄂赣边根据地相连接。

4月中旬，日军进攻南阳、老河口的国民党军，新四军第五师调动近6个团的兵力，分别由大悟山和确山向随县、信阳地区开进，恢复了随县南部的白兆山根据地和信阳西南的四望山根据地。

综上所述，八路军、新四军在1945年的春、夏季攻势作战中，共歼灭日、伪军16万余人，攻克与收复县城61座，扩大解放区24万多平方千米，解放人口近1000万。

把日伪进一步逼退到大中城市周围和主要交通线及沿海重要地区，获得了正规战、运动战、攻坚战、城市战的宝贵经验，为转入大反攻创造了有利

条件。

在敌后，除八路军、新四军的浴血抗战外，各地游击队也取得了不凡的战果。华南人民抗日游击队，从1938年10月广州失陷、1939年2月海南岛失陷起，陆续创建。至1945年8月将近7年的时间里，艰苦奋斗，从数百人发展到27000人，并组织民兵50000余人，建立了东江、珠江、粤中、琼崖等抗日游击根据地，共作战2000余次，歼灭日伪军1.4万余人。

1945年8月，根据中共中央的指示和毛泽东主席、朱德总司令的命令，八路军、新四军和华南各抗日游击队，利用自己处于抗日最前线的有利态势，迅即对华北、华中和华南地区日伪军占领的大中城镇及交通要道发动大规模进攻，并配合苏联红军解放东北。

晋察冀军区部队进逼北平、天津，攻占张家口等城镇，控制交通要道；晋绥军区部队逼近太原，攻入归绥，夺取日伪军占据的城镇据点；晋冀鲁豫边区部队向太原、开封、安阳等城市逼进，切断同蒲、陇海、平汉等铁路线。

山东军区部队，向济南、青岛、徐州等地进军，切断津浦、胶济、陇海铁路线；新四军各部队夺取苏、皖、浙地区敌占乡村和县城。

此外，晋察冀军区部队进军热察，罗荣桓、黄克诚率部先后进军东北。以上举措为彻底打败日本侵略者，建立人民政权奠定了坚实的基础。

美国向日本投掷原子弹

1945年春夏，日本法西斯已处于四面楚歌、日暮途穷的绝境。德国败降后，盟军的作战重心迅即东移，全力对付日本法西斯。

在太平洋战场，盟军已攻占马里亚纳群岛和菲律宾群岛的莱特岛，从马里亚纳起飞的美国战略轰炸机及舰载机加强了对日本本土的沿海地区重要城市和目标的轰炸。

4月1日，美军在冲绳岛登陆，6月底攻克全岛，战争已迫近日本本土。

英、美军队和中国远征军在缅甸也发起了反攻。

在中国战场，中国共产党领导下的八路军、新四军和华南抗日纵队等抗日武装，正日益扩大局部反攻作战，迫使在华日军只能龟缩在大中城市等点线上。

东南亚各国人民的抗日武装斗争此起彼伏，进入高潮，日本的“大东亚共荣圈”已陷入崩溃之中。

苏联政府在德国法西斯投降后，加速对日作战的准备，大规模地增兵苏联远东地区。日本法西斯的灭亡已经指日可待。

然而，日本军国主义统治集团并不甘心失败，他们不顾长期进行侵略战争给日本造成的政治经济危机日愈加剧、财力物力已濒衰竭、国外资源供应断绝、国内工业濒于瘫痪、粮食匮乏、人民厌战不满的现实，仍决定:

帝国依然继续进行决战，争取战局的好转，并迅速地确立以日、满、华为基础的积极防卫态势，坚决实现长期持久战争。

尽快结束对日作战，是美国政府、军方的共识。

1945年4月25日，杜鲁门总统上任后在白宫第一次听取了陆军部长史汀生和格罗夫斯关于新式武器——具有强大威力的原子弹的研制情况的全面汇报。

史汀生满怀信心地说：在4个月内，原子弹的试制将获得成功，一旦使用它，便可结束这场战争。

根据史汀生的建议，杜鲁门随后任命以史汀生为首的军政首脑人物组成的临时委员会和科学家组成的顾问委员会，分别研究决定德国战败后是否要对日本使用原子弹，以及如何使用原子弹的问题。6月初，经研究最后形成一致意见：

原子弹爆炸

既不能预先就原子弹的性质由美国对日本提出警告，也不能在某一无人居住区搞一次非军事性示威；应尽快对日使用原子弹，并且目标要选择在能显示原子弹强大破坏力的地方和靠近有头等重要军事意义的军需生产中心。

杜鲁门完全赞同顾问们的建议。与此相反，另一批以詹姆斯·弗兰克和利奥·西拉德为首的原子能科学家以及其他数十名在橡树岭等地从事原子弹研制工作的科学家，于6月下旬联名上书，向史汀生提交了一份报告，强烈反对使用原子弹。

然而，一部分科学家的反对意见并未动摇杜鲁门总统对日使用原子弹的决心，他自信地写道：

我认为原子弹是一种战争武器，从来没有人怀疑过可以应用它。我们必须用原子弹来袭击敌人，至于何时何地去投掷原子弹，则由我作最后决定。

7月16日，人类历史上第一颗原子弹在美国新墨西哥州的沙漠地区阿拉莫戈尔多试验爆炸成功，其威力相当于一吨烈性炸药三硝基甲苯的20000倍。

当日上午，正在德国参加波茨坦会议的杜鲁门收到了“婴儿安全诞生了”的电报。

17日，史汀生专程飞到波茨坦，向杜鲁门汇报了原子弹爆炸成功的详细情况。此后几天，杜鲁门便与所属军政要员进一步研究对日使用原子弹的具体细节。

对日本投掷原子弹的决策几乎与《波茨坦公告》的签署和公布同时进行。

7月23日，“曼哈顿计划”工程负责人格罗夫斯将军为即将进行的从太平

洋马里亚纳群岛的提尼安岛出发对日本实施原子弹突袭的军事行动，拟定了最后的书面命令。

7月24日，杜鲁门立即批准了这一命令，并以美国陆军部的名义，指令：

美国陆军战略空军部队司令卡尔·斯波茨将军派遣第二十航空队第五十九混合大队，于1945年8月3日后在气候许可目击轰炸的条件下，立即在日本广岛、小仓、新泻和长崎4个城市中选定一个目标，投掷这种特种炸弹。

负责这一特殊任务的美第二十航空队第五十九混合大队，全部进入待命状态。

在杜鲁门决定对日本使用原子弹的当天，出席波茨坦会议的杜鲁门有意识地向斯大林透露了美国研制原子弹已经成功的消息："我们拥有一种破坏力特别巨大的新武器。"

斯大林听后并没有表现出异常的反应，只是冷冷地回答说，他听到这个消息很高兴，希望美国人"好好地运用它来对付日本人"。

美国企图以原子弹对苏联施加政治压力，迫使苏联领导人在战后世界安排问题上让步的企图未能达成。

1945年7月26日，中、美、英三国以《共同宣言》的形式，发表了促令日本投降的《波茨坦公告》。公告义正词严地警告日本政府：

日本必须决定一途，其将继续受其一意孤行估算错误，使日本帝国已陷于完全毁灭之境的军人统制，抑或走向理智之路？

通告日本政府立即宣布所有日本武装部队无条件投降，并对此种行动诚意实行予以适当之各项保证，除此一途，日本即将迅速完全毁灭。

与此同时，杜鲁门还指令美国政府的情报机构迅速用一切可能的方法使《波茨坦公告》的内容让日本人知道。

从7月27日至8月1日，盟国飞机在日本各大中城市上空散发150万张传单和300万张《波茨坦公告》。

传单对这些城市发出警告：如日本不投降，它们将受到大规模的猛烈空中轰炸。每次传单散发过后，美机接着就是一次常规炸弹的轰炸。

《波茨坦公告》发表后，日本统治集团在战与和的问题上，始终意见不一。以外相东乡茂德为首的一批文职要员，主张看苏联是否参战等情况而定。以陆相阿南惟几、陆军参谋长梅津美治郎、海军参谋长丰田副武等为首的一批军界头目，则坚持把战争进行到底的强硬态度。

7月28日下午，铃木贯太郎首相接见记者时就日本政府对于《波茨坦公告》的态度发表声明说，《波茨坦公告》没有任何主要价值，“只有对它置之不理，我们将坚决把战争进行到底”。而且，日本政府害怕《波茨坦公告》内容会影响其国民和军队的士气，将其删除了一部分后，才在报纸上发表。日本公开拒绝接受《波茨坦公告》，促使杜鲁门决定按原计划对日本使用原子弹。

1945年8月6日2时45分，美国空军上校蒂贝茨驾驶装载着原子弹的B—29型重型轰炸机“埃诺拉·盖伊”号，由两架飞机护航，自马里亚纳群岛的提尼安岛起飞。

它以每小时456千米的速度在9760米的高空飞行，8时许飞抵日本广岛上空，投下一颗原子弹，其重量为9000磅，当量为20000吨TNT。

广岛当时的人口共34.3万人，其南面长期用作陆军的海运基地，在市东部有很多后勤工厂、仓库。从1945年4月起，日本陆军第二总军司令部设置在此。

上午8时15分原子弹在市中心上空爆炸。

在接近爆炸中心地区的居民大部分被炸死，幸而逃脱的也呻吟于烧伤之中，约有780000余人丧生，51000余人负伤或失踪。全市建筑物总数76000余

幢，全毁者48000幢，半毁者22000余幢。遇灾人数达17.7万余人。

在美国对日本使用原子弹的当天，华盛顿新闻媒体发布了原子弹的新闻公报和杜鲁门总统关于原子弹的声明：

6日投在广岛的原子弹，将对战争起到革命性变化。假如日本仍不接受投降的话，还将往其他的地方投掷。

在美国广播之后，日本陆、海军统帅部始从广岛及吴镇府两地接到了有关新型炸弹的稍为详细的报告。

但在8月8日的日本各大报纸上登载日本大本营7日的通告中，只是说："广岛由于遭受新型炸弹的轰炸，损失相当严重。""这种炸弹并不可怕，我方有办法对付。"

日本政府仍然拒绝投降。

从8月6日至8月8日，日本政府当局连内阁会议也未召开，原定召开的最高军事会议也取消了，根本就没有讨论过出现原子弹的问题。他们所关心的焦点或者说寄希望的，是8日夜间预定在莫斯科举行的佐藤大使和莫洛托夫外长会谈的结果。

8月8日，苏联对日宣战。

9日零时，苏军从中国东北地区向日本关东军发起总攻。上午10时30分，日本最高战争指导会议研究和与战的问题。11时30分，美国又在长崎投下第二颗原子弹。当时长崎人口约27万，当日死亡24000余人，受伤43000余人，总计67000余人，占长崎总人口的25％。

美国对日本使用原子弹和苏联参加对日作战，加速了日本投降。

8月6日下午，日本天皇面谕东乡外相：

敌方既然使用了这种武器，继续战争越发不可能了。为争取有利条件，不可错过结束战争的时机。

8月9日上午，日本最高战争指导会议召开，“致使天皇以及木户内大臣、铃木首相、东乡外相、米内海相、近卫公、重光前外相和其他历来支持早日停战的要人更加坚定了决心，认为除迅速接受《波茨坦公告》以结束战争外，别无他法。”

8月10日，日本政府向美、英、中、苏发出照会，如果天皇地位不变，准备接受《波茨坦公告》所列举的条款。

8月11日，经过磋商，盟国决定让日本保留天皇，但天皇必须授权并保证日本政府及帝国大本营签署为执行《波茨坦公告》所必需的投降条件，天皇和日本政府必须听从盟国最高统帅的命令，并由美国国务院通过瑞士政府发出苏、美、英、中对日本声明的答复。

8月15日，日本向全国播发了天皇接受《波茨坦公告》，实行无条件投降的诏书。

苏军奔袭远东全歼关东军

《波茨坦公告》发表后，日本最高战争指导会议于1945年7月27日开会，讨论《波茨坦公告》与苏联调停的问题。

军部阿南惟几陆相、梅津美治郎参谋总长等主战派，以种种条件为理由主张全面拒绝《波茨坦公告》，东乡外相等人则认为：苏联政府未在《波茨坦公告》上签名，因此苏联对日本仍然保持着法律上的中立，并且盟国对过去所提出的无条件投降的要求有所缓和，所以应当先看一看苏联的态度，然后再最后决定日本的态度。

日本公开拒绝《波茨坦公告》，同盟国只有对日本法西斯进行最后一战。美国杜鲁门政府为了争取掌握占领日本的主动权，急欲单独迫使日本投降，以便获得在战后同苏联对抗的有利战略地位，遂在苏联出兵之前在日本广岛投下第一颗原子弹。9日，又在长崎投下了第二颗原子弹。

8月8日17时（莫斯科时间），苏联外交人民委员莫洛托夫召见日本驻苏大使佐藤尚武，交给他一份苏联对日宣战书，宣布参加《波茨坦公告》，并当面宣布，苏联从8月9日起同日本处于战争状态。

苏联对日宣战，大大出乎日本意料之外。日军原来判断，苏军对德作战结束后，需要休整，对日作战时间可能在1946年春，最早也要在1945年9月上旬。苏军的主要进攻方向，可能由苏联远东滨海地区向中国东北实施。

关东军根据这一判断，把防御重点定在中国东北的东部方向。

8月8日夜，苏军3个方面军、太平洋舰队和黑龙江区舰队的部队占领进攻出发阵位。9日零时，各先遣支队越过国境。拂晓，主力先后发起进攻，航空

兵分两批袭击哈尔滨、长春、吉林和沈阳，太平洋舰队在日本海积极行动。

在西线，后贝加尔方面军各先遣支队利用夜暗，不经炮火准备，同时在所有方向越过国境。

4时30分，方面军主力开始进攻，基本未遇日军抵抗。坦克第六集团军在相隔70余千米的两个方向上成两路以疏开队形快速前进，战役第一天前进150千米。10日下午，又前进100余千米，主力到达大兴安岭。由于进展顺利，方面军司令员要求坦克集团军提前完成当前任务，于8月12日日暮，前出到鲁北、突泉一线。

坦克第六集团军遂在行进间变更部署，坦克第五军由第二梯队改为第一梯队，当夜登上大兴安岭，占领了台日黑达坝。

8月12日，坦克集团军全部越过大兴安岭，其先遣支队已于11日攻占鲁北，12日攻占突泉。左翼第三十六集团军于11日攻克满洲里筑垒地域，坦克部队在海拉尔筑垒地域，遭日军顽抗，主力实施迂回。右翼苏蒙骑兵机械化

苏军攻击日军据点（雕塑）

集群分两路开进，一路14日攻占多伦，另一路15日占领张北。

在东线，远东第一方面军先遣支队于9日1时趁夜暗和暴雨偷渡乌苏里江，袭击日军边境筑垒地域。8时30分，主力发起进攻，除个别方向外，均未进行炮火准备。左翼第二十五集团军和右翼第三十五集团军分别遭到日军东宁、虎头筑垒地域的顽抗，屡攻不克，前进受阻，主力被迫迂回，留下一部兵力，并调来重炮和轰炸航空兵，继续攻击。

第五集团军以先遣支队消灭日军火力点后，主力迅速前进，于战役第二天攻占绥芬河，14日攻入牡丹江市区，与第一集团军协同，同日军展开巷战。为提高进攻速度，避免陷入僵局，方面军司令员决心以主要力量从牡丹江市南面迂回，直插吉林。

在北线，远东第二方面军于9日1时发起进攻，独立第五军强渡乌苏里江，14日占宝清。第十五集团军在黑龙江区舰队协同下，强渡黑龙江，于14日经激战攻占富锦筑垒地域，打通了至佳木斯的道路。第二集团军先担任黑龙江北岸海兰泡沿线的防御，11日转入进攻，因渡河器材不足，只得分批投入战斗，进展缓慢，于14日才包围了孙吴和爱辉筑垒地域。

经战役第一阶段6天的交战，后贝加尔方面军越过大兴安岭，前进450千米至500千米，前出到东北平原；远东第一方面军前进150千米至200千米，前出到牡丹江平原；远东第二方面军前进50千米至100千米，前出到佳木斯的接近地；太平洋舰队协同陆战队，占领了朝鲜雄基、罗津等港口，切断了日军从海上的退路。关东军的部署被割裂、打乱，失去统一指挥，只有部分兵力仍在牡丹江市和海拉尔、孙吴、虎头等筑垒地域继续抵抗。

8月15日，日本政府宣布投降，但关东军并未停止抵抗。苏军继续进攻。

后贝加尔方面军于16日和17日相继攻占扎兰屯、洮南、通辽、赤峰、张北等地。由于道路泥泞，坦克集团军只能沿铁路路基运动，每昼夜前进速度平四五十千米，主力在先遣支队后面跟进，没有进行战斗。

部分兵力继续围攻海拉尔筑垒地域。远东第一方面军的第一和第五集团军于17日攻占牡丹江市，俘日军40000余人。

当日，方面军右翼第三十五集团军进占勃利，左翼第二十五集团军进占图们，并向朝鲜推进。部分兵力仍在虎头和东宁筑垒地域同日守军进行激烈争夺战。远东第二方面军的第十五集团军于17日攻占佳木斯后，沿松花江追击退却之日军。第二集团军在航空兵和炮兵支援下，对孙吴筑垒地域展开猛烈攻击。8月17日，关东军下令停止抵抗，日军开始投降。

鉴于各兵团离战役目标尚远，华西列夫斯基于18日命令各方面军派出快速支队，迅速进占重要城市和交通枢纽。

从18日起，苏军以临时编组的小分队，先后在13个重要城市实施空降，控制机场和市区重要目标，接受日军投降。20日、21日，东西对进的苏军快速支队分别在哈尔滨、长春、沈阳会合。驻守虎头和东宁筑垒地域的日军，直至8月26日才停止抵抗。与此同时，8月11日至25日，苏军第十六集团军在太平洋舰队部分兵力的协同下，实施了南库页岛进攻战役；8月18日至9月1日，远东第二方面军一部在第十六集团军一部和太平洋舰队的编队协同下，实施了千岛群岛登陆战役。

远东战役，苏军共歼关东军、伪满军和伪蒙军的全部，第十七和第五方面军的一半，以及松花江江上军，总共10个军、一个集团军级集群和一个区舰队。日军损失官兵约70万人，其中83000余人被击毙，60.9万余人被俘。俘虏中有陆海军将级军官148名。苏军伤亡32000余人。

苏军缴获了大量的战利品。仅后贝加尔方面军和远东第一方面军就缴获1565门火炮、2139门迫击炮和600辆坦克、861架飞机、9508挺轻机枪、2480挺重机枪、2129辆汽车、约18000匹马、679座仓库及许多其他战斗技术装备和军用物资。远东第二方面军和红旗黑龙江区舰队俘获日军松花江江上军的全部舰艇。

日本政府宣布无条件投降

1945年7月27日晨6时许，日本政府获悉美、英、中三国政府发表的促令日本投降的《波茨坦公告》。同日10时30分，日本召开最高战争指导会议，讨论《波茨坦公告》问题。

外相东乡茂德认为：第一，苏联领导人虽然参加了波茨坦会议与公告的发布，但未在公告上签名，说明苏联仍维持对日本在法律上的中立关系；第二，公告中，美、英、中三国已放弃以前绝对无条件投降的主张，提出了同日本实现和平的八项特定条件，“无条件投降”一词在公告中只使用过一次，而且明确规定只适用于日本武装部队。

东乡提出，如果苏联政府接受日本关于居间调处的委托，那么，有可能通过与苏联谈判，放宽《波茨坦公告》的条件。据此，东乡得出结论性意见：首先，为给今后和平谈判留下后路，对三国公告不予正面拒绝；其次，应该视苏联的态度，然后再最后决定日本的态度。会议同意了东乡的意见。显然，日本这是在寻找借口，以拖延接受《波茨坦公告》。

9日14时30分，铃木召集临时内阁会议，继续研究和还是战的问题。陆相阿南在会上仍坚持本土决战到底，他说：

在为大和民族的荣誉继续战斗中，总会有机会的。解除武装办不到，外地尤其如此。实际上，只有继续战争一条路。如能施展死里求生的战术，就不会彻底失败，反会有扭转战局的可能。真的到了本土决战的时候，则国民将一心一意，奋起抵抗。

海相米内光政反驳阿南说，现在对盟国进行决战不可能取胜，即使能取得给盟军的第一次登陆予以打击的胜利，那么，也不可能取得第二、第三次胜利，现在要冷静地面对现实，必须放弃那套死不服输和一厢情愿，只有投降才能挽救日本。军需相丰田贞次郎、农相石黑忠笃及运输相小日山直登都赞同米内的意见。会议一直进行到22时30分，但因意见分歧，长达8个小时的内阁会议仍未能作出决定。

23时许，铃木和外相同时晋谒天皇，上奏内阁会议情况，并奏请在御前召开最高战争指导会议，还请平沼枢相参加。23时50分许，在皇宫防空洞内召开天皇出席的最高战争指导会议，东乡外相的一个条件方案与阿南陆相的4个条件方案仍然对立，争吵不休。因此，铃木首相遂请天皇裁断。

10日凌晨2时30分，天皇采纳了外相的一个条件方案，即以不变更天皇统治国家大权作为接受《波茨坦公告》的附带条件。3时左右，日本临时内阁会议再次复会通过了接受《波茨坦公告》的决议。7时15分，日本外务省将日本接受《波茨坦公告》的照会电报，拍发给驻瑞士公使和驻瑞典公使，令其转达给美、苏、英、中四国，同时要求尽快得到对方答复。

在发出上述正式照会的同时，松本外务次官认为有必要将日本接受公告的意图，迅速通知国外，特别是通知同盟国官兵，经征得同盟通讯社及日本放送协会领导人的同意，于10日夜，秘密对国外广播。后经确认，这些对外广播发出两小时后，首先引起美国的反应，数小时后，已传播到全世界。

8月11日，美国国务卿贝尔纳斯送交瑞士公使馆代办葛拉斯理托其转达日本政府对于日本投降建议的复文。

8月12日零时45分左右，日本军政要员从美国广播中听到了美、苏、英、中四国对日照会的答复。

日本参谋总长梅津和军令部总长丰田得知后，觉得“断难接受”，于12日8时20分左右联合上奏天皇，表示坚决反对接受同盟国公告。

当日，日本军国主义统治集团反复召开内阁会议、皇族会议，次日9时又

召开最高战争指导会议，在讨论同盟国复文时，外相东乡等人主张接受四国复文。

但陆相阿南等人仍以难以维护国体为名坚持原来的4个条件，要求再次照会四国，进行交涉。因主和与主战派各执己见，结果未能作出结论，只好再次把问题移交给了御前会议。

8月14日10时50分，日本召开最后一次御前会议。阿南、梅津、丰田等人重申要求给同盟国再发照会，或继续进行战争以死里求生的意见。

天皇鉴于大势已去，作出接受盟国答复的决定，并要政府起草《终战诏书》。会议在全体涕泣声中结束。

至此，日本军国主义统治者才最后下决心被迫投降。当日23时，日本政府通过驻瑞士公使，拍发了致同盟国的通告电报，表示准备命令其所有军队

美国杂志报道日本投降

停止战斗，交出武器，实施同盟国最高司令新的命令。

正当日本政府准备接受盟国投降条件事宜时，陆相阿南惟几等人策动少数最顽固的法西斯分子，阴谋发动政变，妄图以武力阻止日本政府的投降。

14日午夜至15日凌晨，一些少壮派军人发动兵变，枪杀近卫师团长，下达假命令，包围皇宫，搜索天皇的诏书录音盘，想阻止录音的播出；另一些人则搜寻并图谋软禁木户内大臣和石渡相，镇压所谓主和派，但终因日本的投降大势不可逆转，没有得到军部上层的赞同，立即被镇压下去了。

阿南惟几于15日凌晨1时30分左右畏罪自杀。

15日正午，天皇亲自宣读的《终战诏书》录音向日本全国播放。“九一八事变”以来，长达14年的侵略战争，终以日本天皇宣告投降而结束。

17日，成立了以陆军大臣东久迩宫稔彦王为首的新内阁，重光葵任外相。当日，天皇还向国内外的日本陆海军人颁布一项敕谕，命令他们遵照《终战诏书》和平地投降。

从这时起到9月上中旬，远东、南亚各国、南太平洋地区和太平洋诸岛的330余万日本军队，先后陆续向同盟国投降。

日本政府向同盟国签署《投降书》的先期准备工作，是由麦克阿瑟上将的司令部，以同盟国最高司令官名义负责进行的。

8月16日午前，麦克阿瑟通告日本政府命令日军大本营：

立即派遣授予充分权限能就同盟国最高司令官所发指令进行磋商的使者到该司令官处，将具有以天皇、日本政府、大本营的名义实行投降条件所必需的各种要求的权限的代表，派遣到马尼拉。

19日，参谋次长河边虎四郎中将全权代表一行16人，于当晚到达马尼拉。20日，河边受领了麦克阿瑟有关进驻日本本土的文件、投降签字后应予公布的天皇的诏敕、投降文件和盟军最高司令官陆海军一般命令第一号。由

于8月22日夜日本关东，25日本州西部和26日九州南部海面连续有台风侵袭，盟军原定进驻日本本土和投降签字的日期，分别推迟48小时。

8月27日10时30分，美国海军第三舰队一部进泊相模湾。

28日8时20分至11时许，美陆军部队150人乘飞机在厚木机场着陆。

30日，美第六、第八军，第三、第五舰队等部，总兵力约40万，先后陆续开始在东京附近和横须贺、佐世保等地登陆，实施对日本的占领。

麦克阿瑟于8月30日14时5分在厚木机场着陆。美军对日本的占领，以8月28日美军先遣部队占领厚木机场为开端，至10月初占领整个日本的工作大致完成。为了掩饰单独占领，美国要求同盟国派遣占领部队。从1946年1月起，英联邦派了少数部队到广岛县的吴市；中国荣二师先后被分派进驻东京和名古屋；苏联因不愿意把自己的军队置于美军司令官的指挥之下，未派出占领部队。可见，所谓盟军占领日本，实际上是美军的单独占领。

1945年9月2日9时，盟国在停泊于东京湾的美国战列舰“密苏里”号上举行了签降仪式。首先，麦克阿瑟发表简短宣言。他说：

> 以今天这个严肃的仪式为转机，从过去的流血和蛮行中，奠定更美好的世界——建立在信赖和谅解之上的、能为人类的尊严和人类最理想的愿望即自由、宽容和正义的实现作出贡献的世界，才是我最大的希望，也才是人类真正的希望。
>
> 作为同盟国最高司令官在此声明，我将在我所代表的各国的传统之下，以正义和宽容来完成我的职责。同时，为了彻底、迅速而且忠实地遵守投降条件，将采取必要的措施。这是我坚定不移的决心。

日本投降书分黑色封面的日文本和金绿色封面的英文本两种，投降书长1.5尺，宽1尺，放置在铺有青色台布的长桌上。

9时4分，日本外相重光葵代表天皇和政府、陆军参谋总长梅津美治郎代

表帝国大本营在投降书上签了字。

9时8分，麦克阿瑟以同盟国最高司令官的身份签字。然后是接受投降的9个同盟国代表分别代表本国依次签字：美国代表尼米兹海军上将、中国代表徐永昌上将、英国代表希鲁斯·弗雷泽海军上将、苏联代表杰烈维扬库中将、澳大利亚代表托马斯·希拉梅将军、加拿大代表穆尔·科斯格雷夫上将、法国代表雅西·勒克莱将军、荷兰代表赫尔弗里克海军中将、新西兰代表伦纳德·艾西特空军中将。

签字结束后，数千架美式飞机越过“密苏里”号军舰上空，庆祝这个具有伟大历史意义的时刻。

同日，日本天皇发布诏书，命令日本臣民“速停敌对行为，放下武器”，着实履行投降书之一切条款。同一天，日本首相东久也向全国发表文告，要求日本国民“秉承天皇圣旨”、“正式投降唯有顺从”。

至此，正式宣告了日本军国主义的彻底失败和世界反法西斯战争的最后胜利。9月3日被定为中国抗日战争胜利纪念日。

此后，各战区分别举行日本投降签字仪式。在中国战场，麦克阿瑟以远东同盟国军最高司令官名义，对日本政府和中国战区的日军下令，只能向蒋介石国民党政府投降，不得向中国共产党领导的抗日武装力量缴械。蒋介石利用中国战区最高统帅的合法地位垄断了受降权。

8月15日，蒋介石电令日本中国派遣军总司令冈村宁次：中国战区所属日军应停止一切军事行动，并派代表到江西玉山接受中国陆军总司令何应钦之命令；军事行动停止后，日军可暂保有其武器及装备，保持现有态势，并维持所在地之秩序及交通；所有飞机及船舰应停留现地，但长江内船舰应集中在宜昌、沙市；不得破坏任何设备及物资；不得向任何非暂定受降部队投降缴械、交出地区及物资；绝对不能将行政机关移交非指定之行政或代表等。

何应钦受命于蒋介石的受降权限是：处理在中国战区内之全部敌军投降事宜；指导各战区、各方面军、分区分批办理一切接受敌军投降的实施事宜；对中国战区之敌军最高指挥官发表一切布告命令；与中国战区美军人员

合作办理美军占领区、盟军联合占领区交防接防敌军投降后之处置等。

随即，何应钦下令凡中国战区之日本陆海空军及辅助部队，“立即各就现在驻地及指定地点，静待命令，凡非蒋委员长或本总司令所指定之部队指挥官，日本陆海军不得向其投降缴械，与接洽交出地区，及交出任何物资”。这就剥夺了中国共产党领导的抗日武装接受日军投降的权利。

中国战区的受降范围包括：中国（东北除外）、台湾、越南北纬16度以北地区的全部日军。洽降地点为玉山，后因玉山机场雨后跑道损坏，临时改在湖南芷江进行。8月20日，何应钦率中国陆军参谋长萧毅肃等30余人，乘两架美制运输机抵达芷江。参加受降工作的中国陆军总部副参谋长冷欣及中国战区各地受降主官也先后抵达芷江。21日11时15分，日本乞降使节、日本中国派遣军副总参谋长今井武夫一行8人，受冈村宁次指派，乘机到达芷江。

27日，国民政府在南京设受降前进指挥所，受理日伪军受降事宜。何应钦因指示各战区司令长官抢占战略要点，先后飞往湖北、西安、江西、昆明等地区面授机宜，于9月8日飞抵南京。

9月9日，中国战区日军投降签字仪式在南京国民政府中央军校大礼堂内举行。应邀参加的有美国、英国、法国、苏联、加拿大、荷兰、澳大利亚等国的军事代表和驻华武官，以及中外记者、厅外仪仗队和警卫人员近千人。

8时52分，中国战区最高统帅蒋介石的特派代表、中国陆军总司令何应钦，第三战区司令长官顾祝同，陆军参谋长萧毅肃，海军总司令陈绍宽，空军第一路司令张廷孟等5人步入会场，随即就座受降席。

8时57分，中国战区日本投降代表、中国派遣军总司令陆军大将冈村宁次率参谋长小林浅三郎中将，副参谋长今井武夫少将，参谋小笠原清中佐，中国派遣军舰队司令长官，海军中将福田良三，台湾军参谋长、陆军中将谏山春树，第三十八军参谋长、陆军大佐三泽昌雄等7人，脱帽由正门走进会场。

冈村宁次解下所带佩刀，交由小林浅三郎双手捧呈何应钦，以表示侵华日军正式向中国缴械投降。此时恰好是9时整。然后，冈村宁次在《投降书》上签字。

9月9日，蒋介石把中国战区划分为16个受降区，并任命了受降长官，分别接受日军投降。

从9月11日至10月中旬止，在华日军除因拒降被八路军、新四军和华南抗日纵队等部歼灭外，其余均缴械投降。

由国民党政府军队接受投降的日军共有一个总司令部、3个方面军、10个军、33个步兵师、一个坦克师、两个飞行师、41个旅，以及警备、守备、海军等部队，计128万余人。另有日侨77万余人，韩侨50000余人，还有伪军95万余人向国民党军投降。

国民党军队接收日军的武器装备有：步骑枪68万余支、手枪6万余支、轻机枪20000余挺、火炮10000余门、步机弹1.8亿余发、手枪弹203万余枚、各种炮弹共207万余枚；战车383辆、装甲车151辆、卡车10000余辆、马匹74000余匹、各种飞机1068架、炸弹6000吨、机用油10000余吨、海军主要舰艇船舶1400艘，共5.5万余吨。

中国人民的抗日战争，牵制了日本陆军主力，打破了日本"北进"侵苏计划，迟滞了日本"南进"侵略步伐，从而在战略上有力地支援和策应了苏、美、英等同盟国作战。

然而，在这场战争中，中国人民也付出了巨大的牺牲。据不完全统计，中国人民群众伤亡了120万余人，中国军队伤亡380余万人，中国财产损失达6000多亿美元。

图书在版编目（CIP）数据

胜利反攻：第二次世界大战的结局 / 胡元斌主编
. ——北京：台海出版社，2013.8（2018.7重印）
（第二次世界大战纵横录）
ISBN 978-7-5168-0239-7
Ⅰ.①胜… Ⅱ.①胡… Ⅲ.①第二次世界大战—史料
Ⅳ.①K152

中国版本图书馆CIP数据核字(2013)第188580号

胜利反攻：第二次世界大战的结局　　第二次世界大战纵横录

主　编：胡元斌　严　锴

责任编辑：戴　晨　　装帧设计：大华文苑
版式设计：大华文苑　　责任印制：严欣欣　吴海兵

出版发行：台海出版社
地　址：北京市朝阳区劲松南路1号，　　邮政编码：100021
电　话：010－64041652（发行，邮购）
传　真：010－84045799（总编室）
网　址：www.taimeng.org.cn/thcbs/default.htm
E-mail：thcbs@126.com

经　销：全国各地新华书店
印　刷：北京瑞禾彩色印刷有限公司
本书如有破损、缺页、装订错误，请与本社联系调换

开　本：710×1000　　1/16
字　数：210千字　　印　张：13
版　次：2014年1月第1版　　印　次：2018年7月第2次印刷
书　号：ISBN 978-7-5168-0239-7

定　价：48.00元